Lernkrimi Französisch

Cœur de pierre

Dr. Marc Blancher
Gabrielle Robein

Baierbrunner Straße 27, 81379 München
Ausgabe 2022
2. Auflage

Redaktion: Sarah Portner
Fachkorrektur: Virginie Pironin
Produktion: Ute Hausleiter
Titelillustration: Karl Knospe
Lernkrimi-Logo: Carsten Abelbeck
Gestaltung: red.sign GbR, Stuttgart
Umschlaggestaltung: red.sign GbR, Stuttgart

ISBN 978-3-8174-2152-7
381742152/2

Besuchen Sie uns auf Instagram und Facebook: circonverlag

www.circonverlag.de

Vorwort

Liebe Leserin, lieber Leser,

sicher zum Lernerfolg – mit Spaß und Spannung! Die Compact Lernkrimis mit ihrer Kombination aus fesselnder Lektüre und didaktischem Übungsanteil eignen sich hervorragend, um breite Sprachkompetenzen in der Fremdsprache zu erwerben. Der Lernende wird dabei durch die spannende Handlung, das angemessene Sprachniveau und den stetig ansteigenden Schwierigkeitsgrad der Übungen gefördert und motiviert. Ein ausführlicher Abschlusstest ermöglicht das Wiederholen und Festigen des Gelernten. In einem alphabetischen Glossar am Ende des Buches sind noch einmal übersichtlich alle Vokabeln zum Nachschlagen aufgelistet.

So lernen Sie mit Compact Lernkrimis:

- **Mit Begeisterung lernen:** Die packende Krimihandlung motiviert Sie beim Lesen des französischen Originaltextes.
- **Wissen intensivieren und erweitern:** Durch die Kombination aus didaktisch aufbereiteter Lektüre und textbezogenen Übungen testen und trainieren Sie Ihre Sprachkenntnisse effektiv. Vokabelangaben auf jeder Seite unterstützen Sie beim Lesen.
- **Systematisch lernen:** Knüpfen Sie an Ihr individuelles Sprachniveau an und setzen Sie sich eigene Lernziele.
- **Unabhängig sein:** Lernen Sie individuell — wo und wann Sie wollen.

Viel Spaß beim **spannenden Erlernen der französischen Sprache** wünscht Ihnen

Prof. Dr. Christiane Neveling
Didaktik der romanischen Sprachen, Universität Leipzig

Inhalt

Cœur de pierre

Dr. Marc Blancher

1 Crime dans le troglodyte

« Mon lieutenant ! Mon lieutenant ! »

Joël Vincenti est dans son bureau. Il est le commandant de la **communauté** de brigades de **gendarmerie** (i) de Doué-la-Fontaine.

« Oui ? »

Un gendarme entre dans son bureau :

« Mon lieutenant, nous avons un crime.

– Un crime ? Où ?

– Dans un troglodyte.

– Quoi ?

– Les **témoins** sont deux étudiants en archéologie.

– J'arrive. »

Vingt minutes plus tard, Joël Vincenti arrive à côté du troglodyte. Il y a beaucoup de gendarmes en uniforme. Le troglodyte est sur une **propriété** privée. Le **propriétaire** s'appelle Albert Charbonnier. Il a une **roseraie**.

« Qui est la **victime** ? demande Joël Vincenti.

troglodyte *m*	*hier:* Höhle
communauté *f*	*hier:* Gruppierung
gendarmerie *f*	Polizei, die zum Militär gehört
témoin *m/f*	Zeuge/Zeugin
propriété *f*	*hier:* Anwesen
propriétaire *m/f*	Besitzer/in
roseraie *f*	Rosengarten
victime *f*	Opfer

(i) In Frankreich unterliegt die polizeiliche Arbeit zwei unterschiedlichen Institutionen: einerseits der Nationalpolizei (*Police nationale*), vor allem in den größeren Städten, andererseits der *Gendarmerie*, eher in kleineren Städten und auf dem Land. Beide unterstehen im Dienst dem Innenministerium, jedoch besteht erstere aus Zivilbeamten, während letztere dem Militär angehört und auch im Falle eines Krieges zum Einsatz kommen kann.

tailleur *m* **de pierre**	Steinhauer
voix *f*	Stimme
content	froh

– Tracy Roberts-Malherbe.
– Âge ?
– Quarante-neuf ans. Nationalité anglaise.
– Profession ?
– **Tailleuse de pierre**.
– Comment est-elle morte ?
– Nous allons voir ! » dit une **voix** féminine.
Joël Vincenti connaît cette voix :
« Ca... Carole ?
– Bonjour, Joël.
– Pourquoi es tu là ? »

Exercice 1 : Qui est-ce ? Tragen Sie jeweils die richtige Antwort auf die Frage ein!

Il est lieutenant de gendarmerie. | Il a trente-huit ans. | Il y a un crime dans un troglodyte. | C'est Joël Vincenti. | Il est français.

1. Qui est-ce ? *C'est Joël Vincenti.*

2. Quel âge a-t-il ? ______________________.

3. Quelle est sa profession ? ______________________.

4. Quelle est sa nationalité ? ______________________.

5. Pourquoi est-il là ? ______________________.

Joël n'est pas **content**.
« Je suis aussi gendarme.
– Nous ne sommes pas à Saumur.

– C'est un **ordre** du **substitut du procureur**. Je dirige l'**enquête**.
– Tu... ? »

Joël n'est vraiment pas heureux. Carole **porte** une **chemisette**. Sur sa **poitrine**, il y a ses **galons** de capitaine.

« Tu es lieutenant, je suis capitaine. Donc je commande !
– Formidable... »

Maintenant, Carole est dans le troglodyte. Joël est avec elle. Il y a aussi un technicien de la gendarmerie. **Autour du corps** de la victime, il y a beaucoup de roses rouges.

« Pourquoi les roses ? demande Joël.
– C'est le crime d'un **fou**, répond Carole.
– Non, c'est un **crime passionnel**, dit Joël.
– Quelle est cette **arme** ? »

ordre *m*	Befehl
substitut *m/f* **du procureur**	stellvertretende/-r Staatsanwalt/-anwältin
enquête *f*	*hier:* Ermittlung
porter	tragen
chemisette *f*	kurzärmeliges Hemd
poitrine *f*	Brust
galon *m*	*hier:* (Offiziers)tresse
autour de	um... herum, rund um
corps *m*	*hier:* Leiche
fou/folle	verrückt
crime *m* **passionnel**	in einem psychischen Ausnahmezustand begangenes Verbrechen
arme *f*	Waffe
hache *f*	Axt, Beil

Der französische Ausdruck *il y a* ist das Pendant zum Deutschen „es gibt". Dieser Ausdruck ist unveränderlich bzw. unabhängig davon, mit welcher Objektergänzung er gebildet wird, weil sich das konjugierte Hilfsverb (*avoir*) auf *il* bezieht: *Il y a un gendarme. / Il y a deux gendarmes.*

Le technicien de la gendarmerie montre l'arme du crime aux deux officiers.

« Une **hache** ?
– Oui, c'est une hache traditionnelle...
– Traditionnelle ?

– … viking…
– Viking ? C'est une **blague** ?
– C'est une information des deux étudiants.
– Les témoins ?
– Oui.
– Ils sont où ?
– **Dehors,** avec les collègues et le propriétaire. Ils **se disputent**.
– Ils se disputent ? **Tiens, tiens**. »

blague *f*	Witz, Scherz
dehors	draußen
se disputer	sich streiten
tiens, tiens	so so
en avoir *irr* **marre de qc**	etw. satt haben
interdit	verboten
se taire *irr*	schweigen

Exercice 2 : Vrai ou faux ? Welche Aussagen sind korrekt? Markieren Sie mit richtig ✓ oder falsch – !

1. Carole est capitaine et Joël est lieutenant. ❐
2. Autour du corps, il y a beaucoup de roses blanches. ❐
3. L'arme du crime est une hache viking. ❐
4. Les deux étudiants et le propriétaire sont dans le troglodyte. ❐

Dehors, les deux étudiants sont choqués. Ils se disputent avec le propriétaire de la roseraie. Albert Charbonnier crie :
« J'**en ai marre** ! Le troglodyte est **interdit** au public !
– Nous ne sommes pas des touristes !
– Nous faisons des recherches ! »
Carole est en colère. Elle crie :
« Stop ! »
Maintenant, les deux étudiants et le propriétaire **se taisent**.
Carole montre sa carte et dit :

« Je suis la capitaine Vanier, de la compagnie de gendarmerie de Saumur. Et voici le lieutenant Vincenti, de la communauté de brigades de Doué-la-Fontaine. Nous avons des questions. »
Les deux étudiants sont une jeune femme et un jeune homme. La jeune femme est petite et **brune**. Elle porte des **lunettes**. Elle est très **sérieuse**. Le jeune homme est grand, il a les cheveux blonds et les **yeux clairs**. Il **sourit**.
« Quel est votre nom ? demande Carole au jeune homme.
– Sylvain Grenier.
– Vous êtes étudiant ?
– Oui, je fais un stage en archéologie. »
Joël regarde la jeune femme.
« Et vous ?
– Moi aussi, je suis étudiante et je fais un stage en archéologie.
– Et quel est votre nom ?
– Magali Malherbe.
– Malherbe ? Comme la victime ?
– Oui, c'est...
– Votre mère ?
– Non ! »
Magali Malherbe est en colère.
« Ce n'est pas ma mère, c'est ma **belle-mère** ! Elle est mariée avec mon père.
– Vous n'êtes pas triste ?
– Je la **déteste**.
– Magali ! »
Sylvain Grenier **calme** son amie. Il la prend par la main.
« Pardon ! **Je suis désolée**.
– Vous nous racontez ? »

brun	dunkelhaarig
lunettes *f pl*	Sehbrille
sérieux	ernst
œil *m*	Auge
clair	*hier:* hell
sourire *irr*	lächeln
belle-mère *f*	*hier:* Stiefmutter
détester	hassen
calmer	beruhigen
je suis désolé	es tut mir leid

C'est Sylvain Grenier qui parle :

« Ce matin, Magali et moi entrons dans le troglodyte...

– Dans *mon* troglodyte ! crie alors Albert Charbonnier.

– Monsieur, s'il vous plaît !

– Nous venons faire des recherches. Nous travaillons sur l'histoire des troglodytes de la région et sur l'histoire des Vikings[i].

– Des Vikings ? » **s'étonne** Carole.

C'est Joël qui explique :

« Les troglodytes sont des **cachettes** quand les Vikings **attaquent**. »

Carole est **surprise** : Joël connaît beaucoup de choses.

« C'est vrai. » dit Magali Malherbe.

Elle explique :

« Je suis une spécialiste des Vikings.

– Une spécialiste des Vikings ou des haches vikings ? » demande alors Joël.

Magali Malherbe **s'énerve** encore une fois :

« Je n'aime pas ma belle-mère, mais je ne suis pas une **meurtrière** ! »

Carole **reprend** :

« Ce matin, vous êtes dans le troglodyte. Vous voyez quelqu'un ou quelque chose ?

– Non, il y a seulement un **quatre-quatre** dehors.

s'étonner	sich wundern
cachette *f*	Versteck
attaquer	angreifen
surpris	überrascht
s'énerver	wütend werden
meurtrier *m*	Mörder
reprendre *irr*	*hier:* das Wort wieder aufgreifen
quatre-quatre *m*	Geländewagen

i: Im Französischen wie im Deutschen spricht man sowohl von „Wikingern" (*les Vikings*) als auch von „Normannen" (*les Normands*), um das gleiche Volk, etymologisch „die Männer aus dem Norden", zu bezeichnen.

– C'est *mon* quatre-quatre ! crie alors Albert Charbonnier. Je suis chez moi !

s'occuper de	sich um etw./jdn. kümmern
employé *m*	Angestellter
mari *m*	Ehemann
louer	*hier:* mieten
colocation *f*	Wohngemeinschaft

– Et que faites-vous d'habitude le matin, Monsieur Charbonnier ?

– Je **m'occupe de** mes roses avec mes **employés**.

– Vous connaissez la victime ?

– Tracy ? Oui, bien sûr : tout le monde la connaît à Doué.

– Et son **mari** ? »

C'est Magali Malherbe qui répond :

« Mon père est dans son bureau depuis ce matin.

– Il habite à Doué-la-Fontaine ?

– Il a une maison ici et un appartement à Paris. Il est professeur à l'université...

– Et vous ? Vous habitez aussi ici ?

– Non, j'habite à Paris. »

C'est maintenant Sylvain Grenier qui parle :

« Pendant notre stage, Magali et moi **louons** (i) un petit appartement en ville. Une **colocation**.

– Vous n'habitez pas chez votre père ?

– Ce n'est pas chez lui. C'est Tracy la propriétaire de la maison.

– D'accord. Rentrez chez vous, maintenant. Et vous aussi, Monsieur Charbonnier.

– Je suis chez moi !

– Monsieur Charbonnier ! »

> Das französische Verb *louer* kann im Deutschen sowohl „mieten" als auch „vermieten" bedeuten. Die Bedeutung ergibt sich immer aus dem Zusammenhang. Aber das ist längst nicht alles, denn darüber hinaus kann *louer* auch „loben" bedeuten.

Un gendarme en uniforme **raccompagne** Albert Charbonnier **à pied** dans sa maison. Deux autres gendarmes raccompagnent Magali Malherbe et Sylvain Grenier en voiture.

raccompagner	(nach Hause) begleiten
à pied	zu Fuß

Exercice 3 : Cherchez l'intrus. Welches Wort passt nicht in die Reihe? Unterstreichen Sie!

1. troglodyte | ville | pierre | tailleur
2. Vikings | hache | attaque | quatre-quatre
3. belle-mère | gendarmerie | brigade | officier
4. raconter | détester | parler | répondre
5. surpris | triste | histoire | en colère

2 Vie privée et vie professionnelle

Pendant ce temps, Carole Vanier et Joël Vincenti discutent :
« La hache viking et les roses, c'est le crime d'un fou, dit la capitaine.
– Non, c'est un crime passionnel, répond le lieutenant.
– Tu crois que c'est sa belle-fille ?
– Elle déteste sa belle-mère ! Et elle n'est même pas triste !
– Joël ! Toutes les filles qui détestent leur belle-mère ne la tuent pas !
– **Je t'en prie**, Carole ! Tu crois qu'il y a un fou à Doué-la-Fontaine ? Un fou qui tue avec une hache viking et place ses victimes sur un lit de roses ?

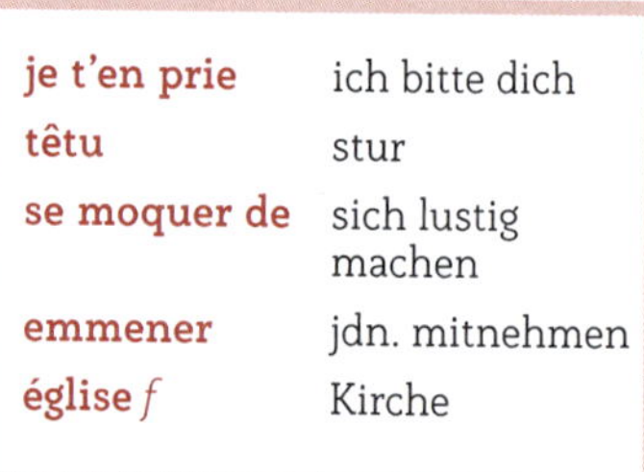

je t'en prie	ich bitte dich
têtu	stur
se moquer de	sich lustig machen
emmener	jdn. mitnehmen
église *f*	Kirche

– Tu es toujours aussi **têtu** !
– Et toi ? Tu n'es pas têtue ? Que faisons-nous maintenant, *capitaine* ?
– Tu **te moques de** moi ?
– Non. Que faisons-nous ?
– On rend visite au mari.
– D'accord. Je t'**emmène** ?
– Non, merci. Je suis venue à moto.
– Tu fais encore de la moto ?
– Oui, je sais, tu détestes ça. »

Dix minutes plus tard, Joël Vincenti arrive au centre-ville de Doué-la-Fontaine. Il est sur la place Théophane Venard, devant l'**église** Saint-Pierre. Laurent Malherbe habite à côté, rue du Gravier.

Exercice 4 : Qui fait quoi ? Ergänzen Sie die folgenden Sätze mit den jeweils richtigen Namen und Vornamen!

1. *Tracy Roberts-Malherbe* est la victime.
2. ______________ fait un stage en archéologie avec Magali Malherbe.
3. ______________ est le propriétaire de la roseraie.
4. ______________ est la belle-fille de la victime.
5. ______________ conduit une moto.

« Tût ! Tût ! »
C'est un **klaxon** de moto. Carole Vanier arrive. Elle **gare** sa moto.
« Nous sommes à Doué-la-Fontaine, mais, depuis 2016, la ville **fait partie de** Doué-en-Anjou, explique Joël.
– Je ne suis jamais venue dans ta ville.
– Nous **nous sommes séparés** (i).
– C'est vrai, mais notre relation a duré un an.
– Je ne parle pas beaucoup de moi.
– Ta famille... ?
– Ma mère habite à Doué-la-Fontaine. Elle est propriétaire d'un petit **commerce**.

klaxon *m*	Hupe
garer	parken
faire *irr* **partie de**	zu ... gehören
se séparer	sich trennen
commerce *m*	*hier:* Geschäft

(i) Im Französischen gibt es mehrere Möglichkeiten, die Vergangenheit auszudrücken. Im Falle eines punktuellen und abgeschlossenen Ereignisses verwendet man eine zusammengesetzte Form, das *passé composé*. Diese Zeit besteht aus einem Hilfsverb, *être* oder *avoir*, im Präsens, und einem Partizip.

– D'accord. Que... ?
– C'est là ! »

C'est une vieille maison dans le centre de Doué-la-Fontaine. Il y a un **panneau** : T. ROBERTS-MALHERBE TAILLEUSE DE PIERRE. Carole Vanier **sonne**.

Un petit homme avec les cheveux **bouclés** et des lunettes ouvre la porte.

« Bonjour Monsieur, gendarmerie nationale. Vous êtes Laurent Malherbe ?
– Oui. Je... Je suis au courant : Magali m'a appelé. »

panneau *m*	Schild
sonner	*hier:* klingeln
bouclé	gelockt
larme *f*	Träne
ennemi *m*	Feind

Le mari de la victime a des **larmes** dans les yeux.

Plus tard, dans le salon, Carole Vanier lui demande :

« Monsieur Malherbe, est-ce que votre femme a des **ennemis** ?
– Tracy ? Des ennemis ? Non, je ne crois pas. Je... Je ne sais pas. »

Laurent Malherbe pleure.

Exercice 5 : Définitions. Suchen Sie im vorherigen Absatz den passenden Begriff zur Definition!

1. C'est un véhicule à deux roues, c'est une *moto.*
2. C'est un bâtiment religieux, c'est une ________.
3. C'est le féminin de *mari*, c'est une ________.
4. C'est un objet pour bien voir, ce sont des ________.
5. C'est un objet qui donne des informations, c'est un ________.

« Je suis désolée, Monsieur Malherbe. C'est l'enquête. »
Joël Vincenti **est debout**. Il regarde les photos aux **murs** et les objets dans les vitrines.

être *irr* **debout**	stehen
mur *m*	*hier:* Wand
mérovingien	merowingisch
se lever	aufstehen
bijou *m*	Schmuck
bague *f*	Ring
meurtre *m*	Mord

« Vous êtes archéologue ?
– Professeur d'archéologie.
– Quelle est votre spécialité ?
– L'époque **mérovingienne**. »
Joël Vincenti le regarde. Laurent Malherbe explique :
« C'est l'époque entre 400 et 700 après Jésus-Christ. Je travaille sur les sarcophages.
– Vous ne travaillez pas sur les Vikings ?
– Les Vikings ? Non ! Ça, c'est le domaine de Sylvain.
– Sylvain Grenier ?
– Oui. »
Joël Vincenti regarde les objets dans les vitrines.
« C'est quoi ? »
Laurent Malherbe **se lève**. Il ne pleure plus. Il explique :
« Ce sont des **bijoux** (i) mérovingiens.
– Ils sont à vous ?

(i) Im Französischen enden die Substantive, die auf *-ou* enden, wie die meisten Substantive, im Plural mit einem *-s*, also auf *-ous*, bis auf sieben Ausnahmen, deren Plural auf *-oux* endet: *un bijou* (Schmuckstück), *un caillou* (Stein), *un chou* (Kohl), *un genou* (Knie), *un hibou* (Eule), *un joujou* (Spielzeug) und *un pou* (Laus).

– Non, je les étudie. Vous voyez, ici, c'est une **bague** qui... »
Carole Vanier n'est pas contente. Elle dit :
« Monsieur Malherbe, s'il vous plaît ! Nous sommes ici pour l'enquête sur le **meurtre** de votre femme.
– Je sais ! Mais je ne peux pas vous aider !
– Que pouvez-vous me dire sur votre femme ? »

Exercice 6 : Prépositions. Lesen Sie weiter und ergänzen Sie den folgenden Text mit der jeweils passenden Präposition!

à | de | à | sur | en

Laurent Malherbe explique :

« Nous sommes **1.** _en_ 2008 : je viens **2.** ________ Doué-la-Fontaine pour la première fois. Je viens faire des recherches **3.** ________ les sarcophages mérovingiens. Je ne connais pas la ville et je demande des **renseignements** **4.** ________ une **inconnue**. C'est Tracy : elle est anglaise, elle vit à Doué-la-Fontaine depuis dix ans et elle est tailleuse de pierre. Je suis **divorcé**. Un an plus tard, nous décidons **5.** _____ **nous marier**. »

Carole Vanier et Joël Vincenti écoutent. Laurent Malherbe n'**a** plus **l'air** triste.

« Et votre fille, Monsieur Malherbe ? demande Joël. Magali ?

– Elle est très choquée : c'est sa belle-mère !

– Elles **s'entendent** bien ?

– Pourquoi cette question ? »

Laurent Malherbe est **embarrassé**.

« Monsieur Malherbe, répondez, s'il vous plaît !

– Je... Je ne sais pas...

– Où habite votre fille ?

– À Paris, avec sa mère.

– Et vous ? demande alors Carole.

renseignement *m*	Auskunft
inconnu *m*	Unbekannter
divorcé	geschieden
se marier	heiraten
avoir *irr* **l'air**	aussehen
s'entendre	sich verstehen
embarrassé	verlegen

– J'ai un petit appartement à Paris : je suis professeur à la Sorbonne. Mais j'habite Doué-la-Fontaine… Ici… Avec Tracy… Chez Tracy…
– Et Magali ?
– Elle **préfère** Paris.
– Pourquoi est-elle là ?
– Elle travaille avec Sylvain sur les Vikings.
– Très bien, dit Carole. Merci, Monsieur. »

préférer	bevorzugen
adjoint *m*	Stellvertreter/in
apporter	etw. (mit)bringen
être *irr* **assis**	sitzen
s'asseoir *irr*	sich hinsetzen
mise *f* **en scène**	Inszenierung
suspect *m/f*	Verdächtiger/in

Bientôt, Carole Vanier et Joël Vincenti arrivent au groupement de gendarmerie de Doué la-Fontaine. L'**adjointe** de Joël est une adjudante. Joël lui présente Carole Vanier :
« Voici la capitaine Vanier, de la compagnie de Saumur.
– Mes respects, capitaine.
– Je vous en prie, appelez-moi Carole. »
Carole Vanier va dans le bureau de Joël. Pendant ce temps, l'adjointe de Joël lui dit :
« Carole ? C'est… ? »
Joël Vincenti n'est pas content :
« Oui, Carole !
– C'est… ?
– Mon ex, oui ! Tu nous **apportes** deux cafés, s'il te plaît ? »
Carole **est assise** en face de lui. Elle se lève quand il arrive.
« Tu veux ta place ?
– Non, merci. C'est toi la capitaine. »
Joël **s'assied** de l'autre côté du bureau.
« Que penses-tu de tout ça ? demande Carole à son ami.
– C'est un crime passionnel. Pense à la **mise en scène** !
– C'est peut-être la mise en scène d'un fou.
– Que fait-on ?
– Des recherches sur tous nos **suspects**. »

3 Soirée[i] au restaurant

Nous sommes le soir : Carole et Joël ont travaillé toute la journée. À midi, ils ont mangé des sandwichs. Maintenant, il est presque vingt heures. L'adjointe de Joël Vincenti **frappe** à la porte du bureau.

« Je rentre, Joël. Bonne soirée ! Capitaine... Euh... Carole...

– Bonsoir !

– À demain ! Bonne soirée ! »

L'adjointe de Joël quitte le bureau. Joël sourit. Carole lui dit :

frapper	*hier:* klopfen
bêtise *f*	Dummheit
curieux	*hier:* neugierig

« Elle t'aime beaucoup.

– Comment ?

– Ton adjointe.

– Qui ? Sophie ? Pourquoi me parles-tu de Sophie ?

– Je dis qu'elle t'aime beaucoup. Je pense même qu'elle est amoureuse.

– Tu dis des **bêtises** : Sophie est mon adjointe, et c'est tout. Pourquoi es-tu **curieuse** ?

– Je ne suis pas curieuse. Je m'intéresse à toi, c'est tout.

– Tu t'intéresses à moi ? Toi ? Mais nous sommes séparés depuis un an.

Im Französischen unterscheidet man bei manchen Termini, die Zeitangaben sind, zwischen Einheit bzw. Zeitpunkt und Dauer, wie bei *le jour* und *la journée*, *le matin* und *la matinée*, *le soir* und *la soirée* oder noch *l'an* und *l'année*. Wie hier im Text unterscheidet man zwischen dem Augenblick/Moment (*le soir*) und der Zeitspanne, die man verbringt (*la soirée*).

– Et alors ? »

Joël Vincenti n'**a** pas **envie de** parler. Il n'est pas **bavard**. Pendant leur relation, Carole le lui a toujours répété. Carole est une personne très têtue : quand elle pose une question, elle veut absolument avoir une réponse. C'est la raison pour laquelle elle est un très bon officier et une très bonne enquêtrice. Joël, lui, est **timide**. Carole s'est levée. Elle **enfile** son **manteau**. Joël **éteint** l'**ordinateur**.

avoir *irr* **envie de faire qc**	Lust haben, etw. zu tun
bavard/e	redselig
timide	schüchtern
enfiler	anziehen
manteau *m*	Mantel
éteindre *irr*	*hier:* ausschalten
ordinateur *m*	Computer

« Où vas-tu ? Tu rentres à Saumur ?

– Non, j'ai réservé une chambre (i) dans un hôtel-restaurant de la ville.

– Ah… ?

– C'est le « Troglo pour toi ! ». Il paraît qu'il est très célèbre et que la cuisine est excellente.

– C'est vrai. Si tu veux, je t'accompagne en voiture. Tu peux laisser ta moto ici.

– D'accord.

– Où sont tes affaires ?

– Je n'ai que mon sac-à-dos. »

Quinze minutes plus tard, Carole est devant l'hôtel-restaurant « Troglo pour toi ! ». Joël, lui, reste à côté de la voiture.

« Tu ne viens pas ?

– Si, si, j'arrive. Prends le

> **i** Das deutsche Wort „Zimmer" lässt sich im Französischen je nach Funktion unterschiedlich übersetzen:
> „Schlafzimmer" *la chambre*
> „Raum"/„Zimmer" *la pièce*
> Zimmer mit einer bestimmten Funktion *la salle* (z.B. „Esszimmer": *salle à manger*)

temps de t'installer. Nous nous retrouvons au restaurant dans une demi-heure ?
–D'accord, à plus tard ! »
Carole entre maintenant dans l'hôtel-restaurant : c'est une **maison à colombages**. Carole aime beaucoup les **bâtiments** anciens. À la réception, il y a une vieille dame qui sourit.
« Bonsoir, Mademoiselle !
– Mademoiselle ? »
Carole rit. La vieille dame enfile ses lunettes.

maison *f* **à colombages**	Fachwerkhaus
bâtiment *m*	Gebäude
régler	*hier:* bezahlen
en espèces	bar
facture *f*	Rechnung

Exercice 7 : À l'hôtel. Lesen Sie weiter und bringen Sie die folgenden Sätze in die richtige Reihenfolge!

a) – Une chambre simple pour une nuit, fumeur.

b) « Vous avez une réservation ?

c) – Non-fumeur, très bien. Le prix est de soixante-dix euros. Vous **réglez** par carte ?

d) – Non, **en espèces**. »

e) – Non, non-fumeur s'il vous plaît.

f) – Oui, au nom de Carole Vanier.

1. *b* **2.** ____ **3.** ____ **4.** ____ **5.** ____ **6.** ____

Carole Vanier ajoute :
« J'ai besoin d'une **facture**, s'il vous plaît.
– Très bien.

– Je vous dis demain matin combien de temps je reste.
– Vous voulez rester plus longtemps ?
– Je ne sais pas encore. Mais j'aime beaucoup cet **endroit**...
– J'écris une nuit et vous pouvez décider demain : nous n'avons pas beaucoup de clients en ce moment. »
Il est exactement vingt et une heures. Carole arrive dans la salle de restaurant de l'hôtel. C'est une petite salle. Joël est déjà installé à une table près d'une grande et haute fenêtre. Il n'y a pas beaucoup de clients dans la salle. Quand Carole arrive à sa table, Joël se lève et l'aide à s'asseoir[i].
« Je t'en prie...
– Merci ! »

endroit *m*	Ort
choix *m*	Wahl

La vieille dame de la réception arrive avec deux menus. Elle les donne à Carole et à Joël.
« Voilà, Messieurs-Dames.
– Merci.
– Est-ce que vous prenez un apéritif ?
– Nous... »
Joël n'a pas le temps de répondre.
« Non, mais nous allons prendre une bouteille de votre meilleur vin. Un Saumur.
– Blanc, rouge ou rosé ?
– Un rouge, s'il vous plaît. »
Carole demande alors à Joël :
« Tu es d'accord ?
– Ai-je le **choix** ? »
Quelques minutes plus

Das französische Verb *s'asseoir* („sich hinsetzen") zählt wahrscheinlich zu den schwierigsten der französischen Sprache überhaupt. Schon im Präsens hat das Verb zwei unterschiedliche Konjugationen, die beide unregelmäßig sind: *je m'assieds, tu t'assieds, il s'assied, nous nous asseyons, vous vous asseyez, ils s'asseyent* oder *je m'assois, tu t'assois, il s'assoit, nous nous assoyons, vous vous assoyez, ils s'assoient.*

tard, la vieille dame apporte une bouteille de vin et deux verres. Elle **débouche** la bouteille et sert Carole, puis Joël.
« Voilà, Messieurs-Dames. Vous avez choisi ?
– Je vais prendre un menu complet, dit Carole, avec une salade verte en **entrée**, du **gigot d'agneau** et des **haricots verts** comme **plat principal**, du fromage et une crème brûlée.
– Je vais prendre la même chose, mais avec de la tarte en dessert », ajoute Joël.

Exercice 8 : Le futur proche. Mit *aller* im Präsens samt Infinitiv beschreibt man im Französischen die nahe Zukunft. Bilden Sie die folgenden Formen um!

1. Nous buvons du vin rouge.

Nous *allons boire* du vin rouge.

2. Je prends le menu.

Je ____________ le menu.

3. Tu m'aides à choisir.

Tu ____________ à choisir.

4. Carole prend sa moto.

Carole ____________ sa moto.

5. Vous débouchez la bouteille.

Vous ____________ la bouteille.

6. Carole et Joël interrogent le mari de la victime.

Carole et Joël ____________ le mari de la victime.

Bientôt, la vieille dame apporte les deux salades vertes.
« Merci !

– Mais je vous en prie. »
La vieille dame murmure à Joël :
« Elle est charmante ! »
Joël ne réagit pas et dit :
« Mais il n'y a pas d'œuf et pas de jambon dans la salade verte.
– Tu vas déjà manger du gigot en plat principal. »

déboucher	*hier:* entkorken
entrée *f*	*hier:* Vorspeise
gigot *m* **d'agneau**	Lammkeule
haricot *m* **vert**	Brechbohne
plat *m* **principal**	Hauptgericht
se vouvoyer	sich siezen
se tutoyer	sich duzen
car	denn

Carole est surprise : Joël et la vieille dame ne **se vouvoient** pas, mais **se tutoient**.
« Vous vous connaissez ?
– Si nous nous connaissons ?
– Tout le monde se connaît dans les petites villes, explique Joël.
– Tu ne le lui as pas dit... ? s'étonne la vieille dame. Et tu ne veux pas le lui dire ? »
Joël fait la grimace. La vieille dame dit alors :
« Je le connais depuis longtemps, **car** c'est...
– Maman, je t'en prie !
– Maman ? Joël est votre... ?
– Mon fils, oui. »
Joël n'est pas bavard : il ne parle presque jamais. C'est la raison de leur séparation. Maintenant, Carole est très surprise de rencontrer sa mère. Leur relation a duré un an et elle ne connaît pas la famille de Joël.
« Je dois y aller, j'ai d'autres clients. Je vais parler à ton amie plus tard.
– Oui, maman ! »
Quelques minutes plus tard, Carole demande à Joël :
« Pourquoi est-ce que je ne connais pas ta mère ?

– Peut-être parce que nous sommes séparés ?
– Et ton père ?
– Il **est mort** quand j'étais enfant. »
À la fin du repas, Carole et Joël prennent un café. Pendant que Joël est aux toilettes, Antoinette, sa mère, prend place devant la jeune femme.
« Vous connaissez bien mon fils, n'est-ce pas ?
– Oui, nous avons travaillé ensemble à Saumur.
– Il est triste depuis votre séparation.
– Co... Comment ? Vous savez que... ?
– Les mères savent ces choses-là. Il est vraiment malheureux, c'est pour cela qu'il a eu une **aventure** avec... »

mourir *irr*	sterben
aventure *f*	*hier:* Affäre

Exercice 9 : Mots mêlés. Entwirren Sie die folgenden Begriffe aus dem Bereich des Restaurants und finden Sie anhand der zusätzlichen Buchstaben heraus, mit wem Joël Vincenti eine Affäre hatte!

1. le netum — le *menu*

2. la aerdlas — la ________

3. le rfaaogme — le ________

4. le ltacp — le ________

5. rieysrv — ________

Solution : Joël Vincenti a eu une aventure avec *T* _ _ _ _.

4 Cœur de pierre

Quand Joël revient des toilettes, Carole ne dit rien. Après le dîner, la capitaine dit bonne nuit à son **ancien** petit-ami et monte dans sa chambre. Carole **fait semblant** d'aller bien, mais Joël remarque qu'elle a un problème. Il ne comprend pas pourquoi.

Quand Carole est partie, il demande à sa mère :

« De quoi avez-vous parlé ? De moi ? Et que lui as-tu dit ? »

ancien	*hier:* ehemalig
faire *irr* **semblant**	vortäuschen
client *m*	Kunde/Kundin
en général	im Allgemeinen, (für) gewöhnlich
le lendemain	am folgenden Tag
lever	(hoch)heben

Un **client** appelle dans la salle de restaurant.

« Toinette ! »

La mère de Joël s'appelle Antoinette Vincenti, mais tout le monde l'appelle « Toinette ».

« Excuse-moi, dit-elle à son fils, je dois y aller. Bonne nuit !

– Bonne soirée, maman ! »

Joël rentre à la gendarmerie : en effet, les gendarmes sont des militaires et ils habitent **en général** dans les casernes.

Le lendemain matin, Carole arrive à pied au regroupement de gendarmerie. Elle est là avant Joël. Sophie, l'adjointe du lieutenant, est dans son bureau.

« Toc ! Toc ! »

Sophie **lève** la tête et sourit. Mais quand elle voit que c'est Carole, elle change d'attitude.

« Capitaine... Euh, pardon, Carole...
– J'ai une question.
– Oui ?
– Joël sort avec quelqu'un ?
– Quoi... ? Comment ? »

loger	wohnen
droit dans les yeux	direkt in die Augen
défaut *m*	Fehler

Carole entre dans le bureau et referme la porte derrière elle. Elle s'assied en face de Sophie. Elle parle d'une voix forte.

« Je vous pose une question simple, adjudante.
– Écoutez, capitaine, je...
– Je **loge** au « Troglo pour toi ! ».
– Ah... »

Sophie s'assied elle aussi. Carole la regarde **droit dans les yeux**.

« Vous avez parlé avec Madame Vincenti.
– Oui.
– Vous savez, capitaine, j'aime beaucoup Joël... »

Carole sourit. Son instinct est toujours très bon.

Sophie ajoute :

« Son seul **défaut**, c'est sa mère. »

Exercice 10 : Verbes. Welche der folgenden Verben passen zu den jeweiligen Übersetzungen auf Deutsch? Ordnen Sie zu!

1. ☐ zurückkommen	**a)** sortir
2. ☐ ausgehen	**b)** sourire
3. ☐ sich hinsetzen	**c)** appeler
4. ☐ lächeln	**d)** revenir
5. ☐ nennen	**e)** s'asseoir

Carole rit fort. Sophie lui demande :

« Elle vous a parlé de son aventure avec Tracy ?

– Oui, en effet.

– Ça n'a pas duré. À cette époque, Joël était triste à cause de...

– Moi ? »

Sophie ne dit rien. À ce moment-là, Joël Vincenti frappe et entre dans le bureau.

« Bonjour ! » dit-il.

Les deux jeunes femmes ne répondent pas.

« Que se passe-t-il ?

– Assieds-toi ! » lui dit Carole.

Joël comprend maintenant le problème.

« Je sais ce que tu vas me dire : tu sais que j'ai eu une aventure avec Tracy.

– Oui.

– Ma mère parle trop.

– Pourquoi ne m'as-tu rien dit ?

– Parce que c'était il y a plusieurs mois et que c'était seulement une aventure ! Tu es jalouse ? »

Sophie n'**est** pas **à l'aise**.

« Ne joue pas à ça avec moi ! Tu sais que ce n'est pas vrai. Mais si un **enquêteur** a eu une aventure avec la victime, c'est un problème », dit Carole.

Puis elle demande :

« Pourquoi vous êtes-vous séparés ? À cause de son mari ?

– Oui et non : Tracy... euh...

être *irr* **à l'aise**	sich wohlfühlen
enquêteur *m*	Ermittler

Im Französischen gibt es wie im Deutschen unterschiedliche Vergangenheitsformen, darunter das Imperfekt (*Imparfait*), das im Unterschied zum *Passé composé* eher für Beschreibungen, andauernde Zustände oder zeitlich unbestimmte Angaben verwendet wird.

Elle… Elle avait beaucoup d'aventures. Et… Elle avait un cœur de pierre. »
Carole insiste :
« Beaucoup d'aventures ?
– C'est vrai, dit Sophie, même avec certains des étudiants de son mari.
– Intéressant…
– Laurent Malherbe aime beaucoup plus ses antiquités que sa femme. »

> Der *comparatif de supériorité* („Komparativ") lässt sich im Französischen nach folgendem Muster bilden: Vergleichselement 1 + Verb + ***plus*** + Adjektiv + *que* + Vergleichselement 2. „Pierre ist größer als Paul.» → *Pierre est plus grand que Paul.* Mit *moins* statt *plus* bildet man das *comparatif d'infériorité*: *Paul est moins grand que Pierre.* „Paul ist kleiner als Pierre".

Exercice 11 : Le comparatif. Bilden Sie Sätze nach dem Muster aus dem Infokasten, mit *plus* („mehr") oder *moins* („weniger")!

1. Carole Vanier / têtue / Joël Vincenti +

____

2. Antoinette Vincenti / bavarde / son fils +

____

3. Sylvain Grenier / énervé / Magali Malherbe -

____

4. Carole / amoureuse / Sophie -

____

5. Albert Charbonnier / jaloux / les autres amants +

____

Bientôt, Joël et Carole arrivent près d'un troglodyte. À l'entrée de ce troglodyte, il y a Magali Malherbe et Sylvain Grenier. Ils vont faire des recherches.
« Que faites-vous ? leur demande Joël.
– Nous cherchons des artefacts vikings, lui répond Sylvain Grenier. Que voulez-vous ? »
Joël regarde Magali Malherbe.
« Vous n'êtes pas avec votre père ? »
La jeune femme le regarde droit dans les yeux et lui dit :
« Non, il veut rester seul.
– Nous avons une question sur votre belle-mère. »
Magali Malherbe **se tourne** alors **vers** Carole. C'est la capitaine qui a parlé.
« Vous savez que votre belle-mère **trompait** votre père ? »
À ces mots, la jeune femme se met en colère :
« Si je le savais ?! Bien sûr que je le savais ! Tout le monde, toute la ville le savait !
– C'est un **mobile** de meurtre : pour votre père... ou pour vous ?
– Mon père ou moi ? Tuer Tracy ? J'aime trop mon père pour le rendre **malheureux**, et lui aime trop Tracy : il n'a jamais voulu **divorcer**. Si vous voulez savoir qui a tué Tracy, demandez à ses **amants** ! »
Joël **hésite** et demande :
« Vous... Vous les connaissez... ?
– Elle est sortie avec l'ancien assistant de mon père et...
– Où... ?
– Il travaille au Danemark depuis l'année dernière. »

se tourner vers	sich zu ... drehen
tromper	betrügen
à ces mots	als sie/er das hört(e)
mobile *m*	*hier:* Tatmotiv
malheureux	unglücklich
divorcer	sich scheiden lassen
amant *m/f*	Liebhaber/-in
hésiter	zögern

Sylvain Grenier dit alors :
« Interrogez Albert Charbonnier !
– Pourquoi ?
– **À votre avis** ! »
Dix minutes plus tard, Joël et Carole arrivent chez Albert Charbonnier avec plusieurs collègues en uniforme. Il est le propriétaire d'une grande roseraie de la ville. Doué-la-Fontaine est en effet la **capitale** internationale de la rose. L'homme est dans son salon. Il est au téléphone. Quand les gendarmes arrivent, il **raccroche**.
« Que voulez-vous ?
– Monsieur Charbonnier, lui répond Carole Vanier, il est neuf heures trente et je vous **place en garde-à-vue**. Messieurs… »
Deux gendarmes en uniforme **menottent** Albert Charbonnier. L'homme est choqué. Il crie :
« Je suis **innocent** !
– Vous aviez une liaison avec la victime. Son corps était sur votre propriété. Et deux témoins vous ont vu vous disputer (i) avec elle **la veille** de sa mort.
– Et alors ? C'était seulement une dispute ! Elle m'a parlé de son aventure… avec Sylvain Grenier ! »
Une demi-heure plus tard, Joël Vincenti, Carole Vanier et Sophie sont dans un bureau à la gendarmerie.

à votre avis	Ihrer Meinung nach
capitale *f*	*hier:* Hauptstadt
raccrocher	auflegen
placer en garde-à-vue	in Polizeigewahrsam nehmen
menotter qn	jdm. Handschellen anlegen
innocent	unschuldig
la veille	am Vorabend

(i) Reflexivverben bestehen im Französischen wie im Deutschen aus zwei Teilen. Im Infinitiv steht *se* vor dem Verb und den konjugierten Formen werden je nach Pronomen *me, te, se, nous, vous* oder *se* vorangestellt. *Je me dispute, tu te disputes, il/elle/on se dispute, nous nous disputons, vous vous disputez, ils/elles se disputent.*

Albert Charbonnier est en **cellule**. Joël et Sophie discutent pendant que Carole **examine** des documents du dossier.

cellule *f*	Zelle
examiner	prüfen, durchlesen

« Tu penses que c'est lui ? demande Sophie à Joël.
– Je ne sais pas : il a un mobile.
– Comme le mari de Tracy, et beaucoup d'autres hommes... »
Sophie est embarrassée.
« Je... Je suis désolée... Je ne voulais pas dire que...
– Je suis aussi suspect ? » lui demande Joël.
À ce moment-là, Carole dit à voix haute :
« Elle est... ! »

Exercice 12 : Devinette. Finden Sie die passenden Begriffe, um herauszufinden, was Carole meint!

1. La victime s'appelle [J] *o* *ë* *l*.

2. Doué-la-Fontaine est la... de la rose. _ [ ] _ _ _ _ _ _ _

3. Le corps est dans un _ _ _ _ _ [ ] _ _ _ _ _.

4. Le prénom de la capitaine de gendarmerie est

_ _ _ [ ] _ _.

5. Laurent Malherbe a des... mérovingiens. _ _ _ _ [ ] _

6. Le prénom de l'étudiant est... [ ] _ _ _ _ _ _.

7. Antoinette Vinconti est propriétaire d'un _ _ _ [ ] _.

Lösung: « Elle est *j* _ _ _ ! »

« Vous... ? Vous parlez de moi ? lui demande Sophie.
– Vite ! crie Carole. Allons-y ! »
Il est **environ** dix heures quand les gendarmes arrivent à l'entrée du troglodyte. Carole entre la première, puis Joël et ensuite Sophie. Il y a aussi trois gendarmes en uniforme avec eux. Ils entendent des voix, puis des cris.

environ	etwa
tenir *irr*	halten
couteau *m*	Messer
hurler	schreien, brüllen
coucher	*hier:* mit jdm. schlafen
jurer	*hier:* schwören
selle *f*	Sattel
séché	getrocknet

« Mais que fais-tu ? »
Dans le troglodyte, Magali Malherbe est devant Sylvain Grenier. Elle **tient un couteau**.
« Gendarmerie nationale ! »
Sylvain Grenier ne comprend pas. Magali Malherbe **hurle** :
« Elle sortait avec tous les hommes et rendait mon père malheureux !
– Mais ce n'est pas le mobile, n'est-ce pas, Magali ? » lui demande Carole.
Magali Malherbe pleure. Elle pose son couteau. Sophie ordonne à deux gendarmes en uniforme de la menotter. Quand ils l'emmènent, elle crie à Sylvain Grenier :
« Et elle **a couché** avec toi ! Elle avait un cœur de pierre ! »
Le jeune homme est choqué. Il dit à Joël Vincenti :
« Avec Tracy, c'était juste une aventure, et avec Magali aussi... Je ne savais pas qu'elle... Je vous **jure** que je ne savais pas. »
Le lendemain matin, Carole sort de l'hôtel-restaurant « Troglo pour toi ! ». Elle prend sa moto. Sur la **selle**, il y a une rose **séchée**. Elle la prend et la regarde. Puis elle la met dans son sac. Et elle sourit.

Mort aux vaches !

Dr. Marc Blancher

1 Retour à Salers

« Mesdames-Messieurs, nous arrivons en gare d'Aurillac ! Aurillac, terminus du train ! »
Théo Baudois prend son sac de voyage. Il **traverse** la gare et sort. Il y a un **arrêt de bus** et des taxis. Le jeune homme regarde sa **montre** : il est déjà dix-neuf heures dix.
« **La prochaine fois**, je prends ma voiture. Taxi ! »
Théo marche **vers** un taxi. Le chauffeur sort de la voiture et ouvre le **coffre**.
« Bonjour Monsieur !
– Bonjour !
– Où allez-vous ?
– Je vais à...

retour *m*	*hier:* Rückkehr
traverser	durchlaufen
arrêt *m* **de bus**	Bushaltestelle
montre *f*	Armbanduhr
la prochaine fois *f*	nächstes Mal
vers	*hier:* in die Richtung
coffre *m*	Kofferraum
klaxon *m*	Hupe
Deux-Chevaux *f*	Ente (Auto)

Salers ist ein kleines Dorf im *Département* Cantal, in der Region Auvergne-Rhône-Alpes, das für seine Geschichte und seine Landwirtschaft (Käse und Rinder) in und außerhalb von Frankreich bekannt ist. Vor allem die Salers-Kühe sind bekannt: Sie haben ein braunes Fell und besonders stark ausgeprägte Hörner.

– Tût ! Tût ! »
C'est un **klaxon** de voiture. Une **Deux-Chevaux** arrive très vite devant la gare. Théo s'excuse et dit au chauffeur de taxi :
« Ah... Désolé !
– Qui est-ce ?
– C'est mon chauffeur personnel. »

Le chauffeur ferme le coffre. Il fait la grimace.

« C'est ma sœur ! »

Le jeune homme court vers la Deux-Chevaux. La voiture est de couleur vert **clair** et il y a un **dessin** de **vache** Salers sur le **capot**. Comme Théo Baudois, sa sœur, Clémentine, est grande et elle a les cheveux **roux**, mais beaucoup plus longs que lui.

« Salut, **frérot** !

– Coucou, **sœurette** ! Ça va ? »

clair	hell
dessin *m*	Motiv; Zeichnung
vache *f*	Kuh
capot *m*	Kühlerhaube
roux	rot (Haare)
frérot *m*	Bruderherz, Brüderchen
sœurette *f*	Schwesterherz, Schwesterchen
se faire *irr* **la bise**	sich auf die Wangen küssen
monter	*hier:* einsteigen
conduire *irr*	fahren

Exercice 1 : Les moyens de transport. Welche der folgenden Begriffe gehören zusammen? Ordnen Sie zu!

1. ☐ le bus	**a)** la gare
2. ☐ l'avion	**b)** le port
3. ☐ le train	**c)** l'aéroport
4. ☐ le bateau	**d)** la gare routière

Ils **se font la bise**.

« Ça va, et toi ?

– Oui. Et maman ?

– Je te raconte dans la voiture. Tu **montes** ?

– D'accord. C'est toi qui **conduis** ? »

Théo Baudois **sourit**. Sa sœur fait la grimace et demande :
« Pourquoi demandes-tu ?
– Parce que je ne veux pas avoir d'accident ! »
Clémentine Baudois s'installe au **volant**.
« Très drôle ! Alors ? Tu montes ou tu ne montes pas ?
– Je monte, je monte ! **À vos ordres**, cheffe ! »
Théo Baudois met son sac de voyage dans le coffre de la voiture. Puis il s'installe devant, à côté de sa sœur. Il sourit. Clémentine **démarre** et demande à son frère :
« Pourquoi souris-tu ?
– C'est toi qui conduis et je suis installé à la **place du mort**. »

Bientôt, ils partent en direction de la **ferme** familiale. **Comme d'habitude**, Clémentine **roule**[i] très vite.
« Je ne comprends pas pourquoi tu as encore cette vieille Deux-Chevaux.
– J'aime cette voiture ! Maintenant, elle a un nouveau moteur. Et elle est décorée aux couleurs de la ferme.

sourire *irr*	lächeln
volant *m*	Lenkrad; Steuer
à tes/vos ordres	zu Befehl
démarrer	*hier:* den Motor starten
place *f* **du mort**	Todessitz
ferme *f*	Bauernhof
comme d'habitude	wie immer
rouler	*hier:* fahren

Das deutsche Verb „fahren" lässt sich im Französischen durch drei Verben übersetzen: *rouler*, wenn man mit dem Auto unterwegs ist, *conduire*, wenn man ausdrückt, dass man am Steuer sitzt, und *aller*, das am häufigsten verwendet wird, da es auch allgemein gedacht ist, um eine Fortbewegung zu signalisieren. „Ich fahre in die Stadt" lässt sich zum Beispiel durch *Je vais en ville* übersetzen, aber weder mit *je conduis en ville* noch *je roule en ville*, die beide keine Fortbewegung signalisieren und bedeuten würden, dass man in der Stadt unterwegs ist.

– Tu me dis pourquoi je suis là ? »
Clémentine **fait semblant** de ne pas comprendre.
« Maman, dit alors Théo, elle va bien ?
– Ah oui, maman, elle... euh... »
Théo Baudois **sursaute**.
« Clémentine ! Ne me dis pas que... ? »
Maintenant, il est en colère.
Il crie :
« Clémentine ! Réponds-moi ! »
Ils sont maintenant sur une petite **route départementale**, la D922. Clémentine s'arrête **brusquement**.
« D'accord, d'accord ! **Je suis désolée** ! »
Elle explique :
« Si je ne t'appelle pas, tu ne viens pas.
– Tu peux venir me voir à Lyon.
– Je viens souvent te voir à Lyon, mais tu ne viens jamais à Salers.
– Et tu sais pourquoi.
– Oui, mais maintenant, tu es là. Alors tu ne vas pas rentrer. Nous allons chez maman. »
Théo Baudois ne dit rien. Il **baisse la tête**. Pendant le reste du voyage, Clémentine et Théo ne se parlent pas. Trente minutes plus tard, Clémentine **tourne à droite** dans un petit chemin.
« Nous sommes arrivés ! » dit-elle.
Mais son frère ne bouge pas. Elle **descend** de voiture la première, puis Théo descend aussi.

faire *irr* **semblant de**	so tun als ob
sursauter	zusammen-zucken
route *f* **départementale**	Landstraße
brusquement	plötzlich; mit einem Schlag
je suis désolé	es tut mir leid
baisser la tête	den Kopf senken
tourner	*hier:* abbiegen
à droite	rechts
descendre	*hier:* aussteigen

Exercice 2 : À la ferme. Lesen Sie weiter und bringen Sie die Buchstaben in die richtige Reihenfolge, um herauszufinden, was Théo alles auf dem Bauernhof sieht!

Il regarde la ferme : c'est un grand **bâtiment**. Dans la **cour**, il y a un **1.** rtceartu *tracteur*. Dans les **prés**, il voit des **2.** vceash ____________ Salers, mais aussi des **3.** mostnuo ____________. Devant la maison, il y a des **4.** hsatc ____________ qui courent. La mère de Théo et Clémentine a aussi des **5.** olpesu ____________. »

Maintenant, la porte de la maison s'ouvre. Marie-Claude Baudois **apparaît**. Théo et elle ne se sont pas vus depuis l'**enterrement** du père de Théo.

« Regarde, Maman ℹ ! Je t'**amène** quelqu'un. »

Théo fait la bise à sa mère.

« Bonjour Maman.

– Bonjour. »

La réaction de Marie-Claude Baudois est **assez** froide. Ils entrent maintenant dans la maison. Clémentine et Théo **sont assis** à la table de la cuisine. Leur mère dit :

« Je vais faire du café.

bâtiment *m*	Gebäude
cour *f*	Hof
pré *m*	Wiese
apparaître *irr*	erscheinen
enterrement *m*	Beerdigung
amener	jmdn mitbringen
assez	*hier:* ziemlich
être *irr* **assis**	sitzen

– Merci. **Tiens**, tu es encore là, toi ? »

Un des chats **saute** sur les genoux du jeune homme.

« Félix ! Salut, mon vieux ! »

Clémentine regarde son frère qui **caresse** le chat. Elle sourit.

« Il te connaît encore, dit-elle à Théo.

– Oui, et lui, il me parle », répond Théo, **amer**.

tiens	*hier:* sieh an!
sauter	springen
caresser	streicheln
amer	bitter
servir *irr*	bedienen
ajouter	hinzufügen
fièrement	stolz

Cinq minutes plus tard, Marie-Claude Baudois apporte le café. Elle donne une tasse à Théo et à Clémentine.

« Tu n'en bois pas ?

– Non, il est trop tard : si je bois du café, je ne vais pas pouvoir dormir. »

Maintenant, Marie-Claude Baudois **sert** ses enfants.

« Merci, lui dit Clémentine.

– Merci, **ajoute** Théo. Alors c'est toi qui as la ferme, maintenant ? »

Clémentine répond **fièrement** :

« Oui. »

Marie-Claude Baudois est dans la cuisine. Théo ajoute :

« Je ne comprends pas pourquoi tu as choisi de rester ici.

– Théo, je t'en prie ! C'est chez moi, ici ! Et c'est aussi chez toi !

– Papa…

– Papa n'est plus là.

– Désolé. Tu y arrives, toute seule ?

– Je ne suis pas toute seule : maman m'aide et…

> Innerhalb der Familie wird im Französischen die Mutter *maman* genannt und der Vater *papa*. Vorsicht! *Mamie* und *papy* sind beide *faux amis*: Genau wie *mémé* und *pépé* bezeichnen sie nämlich nicht die Eltern, sondern die Großeltern.

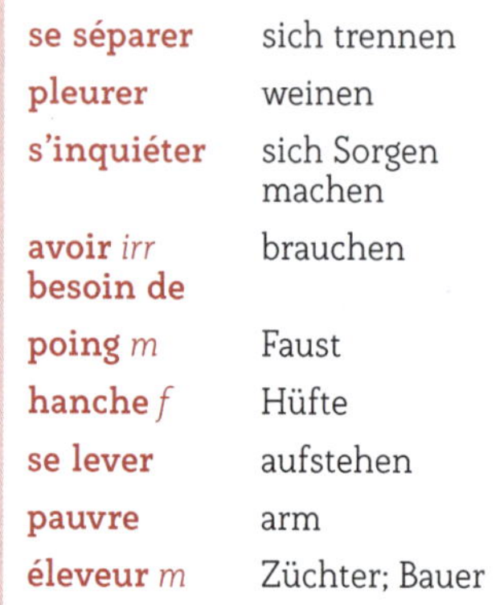

se séparer	sich trennen
pleurer	weinen
s'inquiéter	sich Sorgen machen
avoir *irr* **besoin de**	brauchen
poing *m*	Faust
hanche *f*	Hüfte
se lever	aufstehen
pauvre	arm
éleveur *m*	Züchter; Bauer

– Et Patrick aussi ?
– Nous nous sommes **séparés** et... »
Théo voit que sa sœur va **pleurer**.
« Ah bon ? Mais pourquoi ne le sais-je pas ?
– Quand nous nous sommes séparés, tu étais en reportage aux États-Unis.
– Pourquoi vous êtes-vous séparés ?
– Patrick préfère son garage et ses voitures. Et il est difficile à vivre. »
« Je suis désolé, je ne savais pas.
– Ne **t'inquiète** pas, tout va bien.
– Ce n'est pas vrai ! Ta sœur **a besoin de** toi ! »
Marie-Claude Baudois est sortie de la cuisine. Elle a les **poings** sur les **hanches**.

> i — Wie im Deutschen kann man im Französischen bei einigen Verben den Unterschied zwischen *aktiv* und *passiv* signalisieren: bei *entendre* hört man etwas, bei *écouter* hört man zu. Ein ähnlicher Unterschied existiert zwischen *voir* („sehen“) und *regarder* („schauen“).

« *Nous* avons besoin de toi ! »
Théo Baudois **se lève**.
« Je ne veux pas entendre ça !
– Ton **pauvre** père avait raison : tu n'écoutes (i) jamais rien !
– Je suis journaliste, maman, et pas **éleveur** ! Et ça ne va pas changer ! C'est toujours la même chose et toujours la même conversation ! »
Maintenant, le jeune homme est vraiment en colère.
« Écoute, sœurette, la prochaine fois que tu veux me parler, viens me voir à Lyon, s'il te plaît !

– Non ! C'est ici que j'ai besoin de ton aide, et maintenant ! »
Clémentine a crié. Et c'est exceptionnel : normalement, la jeune femme est toujours paisible. Théo Baudois **s'assied** et écoute.
« J'**en ai marre** de vos histoires à tous les deux ! Pendant que vous **vous disputez**, je dois toujours m'occuper de tout ! dit Clémentine.
– Ton frère...
– Non, Maman !
– C'est Maman qui... »
Clémentine **hurle** :
« Taisez-vous ! »
Maintenant, la jeune femme pleure. Marie-Claude Baudois, elle, retourne dans la cuisine.
« Qu'y a-t-il ? demande Théo à sa sœur.
– Il faut que je t'explique... »
Clémentine tourne la tête pour vérifier que leur mère est dans la cuisine.
« Beaucoup de choses ont changé ici depuis la mort de papa... »

paisible	friedlich
s'asseoir *irr*	sich hinsetzen
en avoir *irr* **marre de qc**	etw. satt haben
se disputer	sich streiten
hurler	schreien, brüllen

Exercice 3 : Vrai ou faux ? Welche Aussagen sind korrekt? Markieren Sie mit richtig ✓ oder falsch – !

1. Le père de Théo et Clémentine est mort. ❒
2. Clémentine est la petite-amie de Patrick. ❒
3. Marie-Claude Baudois veut un fils journaliste. ❒
4. Les choses sont les mêmes depuis la mort du père. ❒

2 « Mort aux vaches[i] ! »

quand même	doch
cynique	zynisch
reprendre	*hier:* übernehmen
pardonner	vergeben
réfléchir	überlegen
à voix *f* haute	laut

Théo Baudois est surpris :
« Mais de quoi parles-tu ? »
Clémentine regarde si leur mère écoute.
« Tu ne veux pas que je t'aide à la ferme ?
– Non, je... Je...
– Quoi, sœurette ?
– J'ai déjà quelqu'un pour m'aider. »
Théo Baudois ne comprend pas.
« Je... Je vois quelqu'un...
– Et alors ? Maman ne doit pas le savoir ?
– Non, surtout pas !
– Pour quelle raison ? Il n'est pas journaliste, **quand même** ? »
Clémentine fait la grimace.
« Tu es **cynique** !
– Quel est le problème ? Tu **as repris** la ferme, Maman te **pardonne** tout. »
Théo **réfléchit à voix haute** :
« Il y a pire qu'un petit-ami journaliste ? »
Pendant qu'il réfléchit, le jeune homme regarde par la fenêtre. Il voit une autre

> Der Ausdruck *Mort aux vaches !* („Tod den Bullen!") der deutlich früher nachgewiesen ist (bereits Ende des XVI. Jahrhunderts), entwickelte sich mit der Wende zum XX. Jahrhundert zum anarchistischen Ruf gegen die Autorität, die zum Beispiel während der Arbeiter- und Studentenbewegung im Mai 1968 von einer breiten Öffentlichkeit benutzt wurde.

ferme : c'est celle de la famille Durantet, les voisins. Théo **sursaute** et dit :

« Non ! Ce n'est pas vrai ! »

Il a presque crié. Marie-Claude Baudois est sortie de la cuisine.

« Que se passe-t-il ? Vous vous disputez ?

– Non, non, Maman, ce n'est rien.

– D'accord. Je vais préparer le dîner. Je prépare pour deux ou pour trois ? »

La vieille dame **a posé la question** à sa fille, elle n'a pas regardé son fils.

« Nous sommes trois, maman.

– Il va être sympa, ce dîner », **murmure** Théo.

sursauter	zucken
poser une question *f*	eine Frage stellen
murmurer	flüstern

Exercice 4 : Le passé composé. Formulieren Sie die unten stehenden Sätze ins Präsens um, wie im Beispielsatz!

1. Tu as repris la ferme. *Tu reprends la ferme.*

2. Théo a crié. ______________________.

3. Marie-Claude Baudois est sortie de la cuisine.

______________________.

4. La vieille dame a posé une question.

______________________.

5. Elle n'a pas regardé son fils.

______________________.

Pendant que leur mère prépare le dîner, Théo et Clémentine discutent **à voix basse**.

« Alors tu **sors avec** Richard Durantet ?

– Pourquoi réagis-tu **ainsi** ? Tu ne le connais **même** pas !

– J'ai la **malchance** d'être journaliste, donc je suis *persona non grata* depuis **longtemps** et toi, tu **fréquentes** les Durantet[i].

– **Quelquefois**, tu es vraiment méchant...

– D'accord : tu sors avec Richard Durantet. C'est pour cette raison que Patrick et toi vous êtes séparés ?

– Non, je suis sortie avec Richard après notre séparation.

– La vie à Salers est plus **agitée** qu'à Lyon », murmure Théo.

Sur ses genoux, le chat, Félix, **ronronne** et se couche.

« Et tu as besoin de moi pour le dire à Maman... ?

– Non, bien sûr que non !

– Parce que, à mon avis, ce n'est pas une bonne idée. »

à voix *f* basse	leise
sortir *irr* **avec qn**	mit jdm. ausgehen
ainsi	so
même	*hier:* überhaupt
malchance *f*	Unglück
longtemps	lange
fréquenter	*hier:* mit jdm. Umgang haben
quelquefois	manchmal
agité	*hier:* lebendig
ronronner	schnurren
guéridon *m*	kleiner runder Tisch
quotidien *m*	Tageszeitung
découvrir	entdecken

i Im Unterschied zum Deutschen, wo man die Familie Müller als „die Müllers" bezeichnen kann, können Eigennamen im Französischen nicht variieren, ob im Genus oder Numerus. Deswegen sagt man *les Durantet* und schreibt den Nachnamen ohne „s".

Clémentine se lève et prend un journal sur le **guéridon**. C'est *La Montagne*, le **quotidien** régional.

« Tu me demandes de lire le journal ?

– C'est le journal d'hier : regarde les pages locales. »

Bientôt, Théo **découvre** ce titre :

« **TROUPEAU** DE VACHES SALERS **EMPOISONNÉ** : LA GENDARMERIE **ARRÊTE** UN **SUSPECT** ». Le jeune homme est surpris. Il demande à sa sœur :

« C'est ton troupeau qui est empoisonné ?

– Oui : une **dizaine** de **bêtes** sont mortes.

– Quand ?

– La semaine dernière.

– Pourquoi ne le sais-je pas ?

– Parce que je n'ai pas eu le temps de t'appeler. La gendarmerie **enquête**. Ils ont arrêté Richard hier...

– Tu dois aider ta sœur ! » dit alors leur mère, de retour dans la pièce.

Théo Baudois ne comprend pas. Il pense que sa mère ne connaît pas la relation entre sa sœur et Richard Durantet. Il sait seulement que ses parents et les Durantet **se détestent** depuis plusieurs dizaines d'années.

« Que dois-je faire, Maman ? Je suis journaliste, je crois que tu le sais, non ?

– Tu as des relations avec ton travail ! Alors aide ta sœur ! Il va y avoir un procès et elle va avoir besoin de soutien. »

Le jeune homme comprend alors que sa mère ne parle que de l'**empoisonnement** des vaches.

« Le vieux Durantet est **capable** de tout !

– Le journal parle de **garde-à-vue**, Maman, et c'est son fils qui est suspect, pas lui.

– **Justement** ! Il peut encore empoisonner nos vaches !

troupeau *m*	Herde
empoisonné	vergiftet
arrêter	*hier:* festnehmen
suspect *m*	Verdächtiger
dizaine *f*	Dutzend
bête *f*	Tier
enquêter	ermitteln
se détester	sich nicht mögen; sich nicht ertragen
empoisonnement *m*	Vergiftung
capable	fähig
garde-à-vue *f*	polizeilicher Gewahrsam
justement	gerade

– Maintenant ? Même si c'est lui, il n'est pas idiot.
– Non, mais il est égoïste et dangereux ! Comme toutes les personnes de sa famille ! »
Marie-Claude Baudois retourne dans la cuisine. Pendant ce temps, Théo murmure à Clémentine :

botte *f*	Stiefel
innocent	unschuldig
stupide	dumm
agriculture *f*	Landwirtschaft
agrandir	vergrößern; erweitern
exploitation *f*	*hier:* Farm
se marier avec	jdn. heiraten

« Les repas de famille aussi vont être sympas.
– Tu viens avec moi ? Je dois m'occuper des bêtes. »
Le jeune homme fait la grimace et explique :
« Je porte des chaussures de ville.
– Tu peux prendre les vieilles **bottes** de papa. »
« D'accord, je viens avec toi. »
Clémentine et Théo marchent maintenant en direction du pré derrière la maison.
« Que veux-tu de moi, sœurette ?
– Richard est **innocent**, Théo, j'en suis sûre !
– Pourquoi est-il en garde-à-vue, alors ?
– Je ne sais pas ! À cause de cette **stupide** rivalité entre nos deux familles !
– Les gendarmes croient qu'il a empoisonné ton troupeau ?
– Richard et son père font de l'**agriculture** bio maintenant, et ils veulent **agrandir** leur **exploitation**. Depuis que papa est mort, le père de Richard a fait plusieurs propositions à Maman pour lui racheter la ferme.
– Le mieux, c'est que Richard **se marie avec** toi. Ainsi, vous pouvez avoir une grande propriété.
– Théo, tu es vraiment cynique ! J'aime Richard, et il m'aime aussi.
– Et que pense le vieux Durantet de cette histoire ? »

Maintenant, Théo et Clémentine sont à l'entrée du pré. La jeune femme donne de l'eau aux vaches.

« Richard ne lui a rien dit. »

Théo sourit et dit :

« Je vois : Maman ne sait rien, le vieux Durantet ne sait rien. Et c'est moi que tu appelles.

– S'il te plaît, frérot. »

Exercice 5 : Mots cachés. Finden Sie acht Begriffe im Gitternetz, die mit dem Bauernhof zu tun haben.

A	C	R	I	F	O	U	P	L	E
P	E	R	D	E	**C**	**H**	**A**	**T**	S
S	A	L	E	R	S	O	U	R	T
C	R	I	S	M	O	U	T	O	N
P	O	U	L	E	M	E	O	U	A
R	A	S	T	E	R	O	N	P	M
E	R	T	I	V	A	C	H	E	E
R	O	N	S	E	N	U	L	A	I
E	S	T	I	L	A	S	T	U	D
P	O	I	R	A	D	S	Y	N	U

1. ________________

2. ________________

3. ________________

4. ________________

5. ________________

6. ________________

7. ________________

8. ________________

Clémentine regarde son frère **droit dans les yeux** ⓘ.

« Tu es journaliste d'investigation, tu as l'habitude des enquêtes.

– C'est vrai, mais je ne suis pas gendarme. Je ne peux pas **accéder au** dossier.

– Sais-tu qui commande la brigade de gendarmerie de Salers ?

– Non, pourquoi ?

– C'est un sous-officier, un adjudant qui s'appelle Lombard. »

droit dans les yeux	direkt in die Augen
accéder à qc	zu etw. Zugang haben
pensif	nachdenklich
paysage *m*	Landschaft
forêt *f*	Wald
se renseigner	sich erkundigen

Théo sursaute.

« Lombard ? Tu veux dire que… ?

– Oui, Serge Lombard, que tu connais depuis l'école primaire.

– Alors, ce vieux Sergio est devenu gendarme à Salers.

– Ce n'est pas la seule personne que tu connais qui est revenue dans la région.

– De qui parles-tu ?

– Claire aussi est revenue.

– Ah… »

Quand il entend ce prénom, Théo devient **pensif**. Il regarde le **paysage** vert du Cantal, les **forêts**, les troupeaux de vaches et, à côté de la ferme familiale, celle des Durantet.

« D'accord, sœurette : demain, je vais aller voir Serge à la gendarmerie et **me renseigner**. Mais je ne vais pas aller chez les Durantet.

– Tu ne les connais pas.

– Si je leur dis comment je m'appelle, je pense que ça ne va pas bien se passer. »

ⓘ Das deutsche Substantiv „Auge" lässt sich im Französischen mit *l'œil* übersetzen, dessen Plural unregelmäßig ist und zu *les yeux* wird.

Une voix les **interrompt** alors : « À table ! »
Théo et Clémentine marchent vers la maison.
« **Au fait**, dit la jeune femme à son frère, Claire **est divorcée**.
- Ah...
- Et elle **vit** seule. »
Théo fait semblant de ne pas réagir.

interrompre *irr*	unterbrechen
au fait	übrigens
être *irr* **divorcé**	geschieden sein
vivre *irr*	leben

Exercice 6 : Souvenirs d'enfance. Tragen Sie jeweils den passenden Namen ein!

Patrick | Théo Baudois | Richard Durantet | Clémentine | Serge Lombard | Claire Machon

1. *Théo Baudois* grandit à Salers.
2. Sa sœur, ____________, a trois ans de moins que lui.
3. À l'école primaire, le meilleur ami de Théo s'appelle ____________.
4. Depuis qu'il est enfant, Théo est amoureux de ____________.
5. Sa sœur sort avec ____________, son frère.
6. ____________ ne va pas à l'école à Salers, les autres ne le connaissent pas.

3 Vieux amis, vieux ennemis

Le **lendemain** matin, Théo se lève tôt. À huit heures, il arrive à la brigade de gendarmerie de Salers. Nous sommes au mois de mai, mais **il fait frais** et il **pleut**. Théo est nostalgique : il a passé la nuit dans sa chambre d'enfant et il voit maintenant l'école de son enfance. Il **gare** la voiture à cent mètres de la gendarmerie. Puis il y va **à pied**. Il **sonne**.

« Oui ?

– Théo Baudois, je suis journaliste. Puis[i]-je parler à l'adjudant Lombard ?

– Pourquoi ?

– J'ai des questions sur Richard Durantet.

– Nous ne donnons pas d'information à la presse.

– S'il vous plaît, je connais personnellement l'adjudant Lombard.

– **Un instant**... »

Le gendarme **raccroche**. Une minute plus tard, il dit :

« Vous pouvez entrer.

– Merci. »

ennemi *m*	Feind
le lendemain *m*	am folgenden Tag
il fait frais	es ist frisch (Wetter)
pleuvoir *irr*	regnen
garer	parken
à pied	zu Fuß
sonner	klingeln
instant *m*	Augenblick
raccrocher	*hier:* auflegen

Vorsicht, Sonderfall! Wenn man im Französischen eine Frage stellt, kann man wie im Deutschen eine Inversion zwischen Subjekt und Verb machen: *Viens-tu ?* („Kommst Du?"). Achtung: Bei *pouvoir* ändert sich die Form der ersten Person Singular, die von *peux* zu *puis* wird: *Puis-je parler à... ?* („Darf ich ... sprechen?")

Théo entend une sonnerie et il peut ouvrir la **grille**.
À l'intérieur, il y a plusieurs gendarmes en uniforme.
« Théo Baudois ! Le Théo Baudois du **collège** ? »
Un gendarme se lève et va vers Théo. Il a son âge, il n'a presque plus de cheveux et il a un petit peu d'**embonpoint**. Théo Baudois lui **sert la main**.

grille *f*	*hier:* Gittertor
à l'intérieur	innen
collège *m*	1. Teil vom Gymnasium (Klassen 6-9)
embonpoint *m*	Übergewicht
serrer la main à qn	jdm. die Hand schütteln

« Serge ! Comment vas-tu ?
– Bien. Je suis à Salers depuis deux ans. Et toi ?
– Je vis à Lyon.
– Tu es journaliste, c'est ça ?
– Oui. »

Exercice 7 : Traduisez. Übersetzen Sie die folgenden Verben!

1. aufstehen *se lever*

2. parken ______

3. zu Fuß ______

4. jemandem die Hand drücken ______

5. auflegen ______

Serge Lombard fait entrer son ami d'enfance dans son bureau.
« Tu es là pour Richard Durantet ?
– Oui.
– Je comprends que cette histoire intéresse les journalistes locaux, mais...

– Ce n'est pas pour mon journal, c'est pour Clémentine.
– Ta sœur ? »
Serge Lombard réfléchit.
« Je connais les relations entre ta famille et les Durantet. Mais je croyais que c'était une histoire entre vos parents... »
Théo Baudois fait la grimace.

en fait	eigentlich
être *irr* **au courant**	auf dem Laufenden sein
avoir *irr* **l'air**	aussehen
coupable	schuldig
avoir *irr* **le droit**	das Recht haben

« **En fait**, Clémentine... Tu n'**es** pas **au courant** ? »
Serge Lombard fait non de la tête.
« Clémentine et Richard sortent ensemble.
– Quoi[i] ? »
Le sous-officier de gendarmerie **a l'air** surpris.
« Non, je ne suis pas au courant. Depuis longtemps ?
– Je ne sais pas, mais, pour elle, Richard Durantet n'est pas **coupable**.
– Et pour toi ?
– Je ne sais pas. Je ne le connais pas beaucoup. »
Théo Baudois fait une pause.

« Je peux te demander quelque chose ?
– Vas-y.
– Puis-je lui parler ?
– À qui ? À Richard Durantet ?
– Oui.
– Je n'**ai** pas **le droit** de faire ça. »
Serge Lombard se lève et prend un dossier. Il ouvre le dossier et explique :

> **i** Wenn man im Französischen die Frage „Was?" stellen möchte, ist die Position des Wortes „was" ausschlaggebend: Steht das Wort allein oder am Ende der Frage, benutzt man „quoi": *Tu fais quoi ?* Steht das Wort am Anfang der Frage, benutzt man „que": *Que fais-tu ?*

preuve *f*	Beweis
observer	beobachten
être *irr* **de taille moyenne**	mittelgroß sein
brun	dunkelhaarig
noisette	*hier:* braun
barbe *f*	Bart
épais	dicht
être *irr* **debout**	stehen
se poser des questions	sich Fragen stellen

« Nous avons beaucoup de **preuves** contre lui.
– Ma sœur ne le croit pas coupable. S'il te plaît, je veux seulement lui parler.
– OK, mais rapidement : tu sais que c'est illégal. Et je reste avec vous.
– D'accord. Je te remercie. »
Quelques minutes plus tard, deux gendarmes en uniforme amènent Richard Durantet dans le bureau de l'adjudant. Théo Baudois l'**observe** : il est **de taille moyenne**, avec les cheveux **bruns** et les yeux **noisette**, et il porte une **barbe** longue et **épaisse**. Il dit à Serge Lombard :
« Je vous répète que ce n'est pas moi ! »
Le sous-officier de gendarmerie ne dit rien. Théo **est debout** à côté du bureau.
« Vous savez qui je suis ? »
Richard Durantet lève la tête.
« Oui, vous êtes Théo, le frère de Clémentine. Que faites-vous ici ?
– C'est Clémentine qui m'a appelé.
– Pourquoi ?
– Parce qu'elle croit que vous êtes innocent.
– Et vous ? »
Théo Baudois s'approche du suspect.
« Moi ? Je **me pose des questions**.
– C'est-à-dire ?
– Aimez-vous ma sœur ?
– Ça ne vous regarde pas.

– Manipulez-vous ma sœur ? »
À ces mots, Richard Durantet **se met en colère**. Il crie :
« Moi ? Manipuler Clémentine ! Vous êtes **dingue** !
Serge Lombard **intervient** :
« Théo ! » crie-t-il[i].
– Je sais que votre père et vous voulez **racheter** la ferme de mes parents. Mais ma mère ne veut pas **vendre** : alors vous **séduisez** ma sœur. Et comme ça ne fonctionne pas, vous empoisonnez son troupeau. »
Maintenant, Richard Durantet se lève. Il hurle :
« Vous croyez que je sors avec votre sœur pour **obtenir** ses **terres** ?
– Pourquoi pas ? Vous êtes **vénaux**, dans la famille ! »

se mettre *irr* **en colère**	wütend werden
⚡ **dingue**	verrückt
intervenir	sich einmischen; handeln
racheter	abkaufen
vendre	verkaufen
séduire	verführen
obtenir *irr*	bekommen; erhalten
terre *f*	*hier:* Grundstück
vénal	käuflich
frapper	schlagen
séparer	trennen
menotter	Handschellen anlegen
cellule *f*	Zelle
ordonner	befehlen

Im Französischen spielt immer die *Euphonie*, d.h. der „schöne Klang" der Sprache, eine entscheidende Rolle. Zum Beispiel dürfen keine zwei Vokale aufeinanderfolgen, deswegen fügt man dazwischen ein „t" ein. Dieser Buchstabe hat aber nur diese *euphonische* Funktion und keine inhaltliche Bedeutung.

Cette fois-ci, le suspect ne peut plus se contrôler et il veut commencer de frapper Théo. Serge Lombard intervient pour les **séparer**.
« J'ai besoin d'aide ! »
Deux gendarmes en uniforme entrent et **menottent** Richard Durantet.
« En **cellule** ! » **ordonne** l'adjudant.

Exercice 8 : Définitions. Suchen Sie im vorherigen Abschnitt den passenden Begriff zur Definition!

1. Penser à quelque chose, c'est *réfléchir*.
2. Être informé, c'est être ________________.
3. **Commettre** un crime, c'est être ________________.
4. Pour dire que quelqu'un a commis un crime, on a besoin de ________________.
5. Vouloir plaire à quelqu'un, c'est la/le ________________.

Maintenant, le sous-officier de gendarmerie parle à son ami d'enfance :

« Tu es **fou** ! Pourquoi le provoques-tu ? »

Théo Baudois ne répond pas. Serge Lombard continue :

« Je te demande de sortir, Théo ! »

L'adjudant fait un signe de la main. Un autre gendarme en uniforme entre dans le bureau.

« Favier, vous **raccompagnez** Monsieur.

– À vos ordres, mon adjudant. »

commettre *irr*	begehen
fou/folle	verrückt
raccompagner	begleiten
vérité *f*	Wahrheit
sentiment *m*	Gefühl
affirmer	behaupten

Bientôt, Théo Baudois quitte la brigade de gendarmerie de Salers. Il prend la voiture et roule en direction de la ferme de sa famille. Pendant qu'il conduit, il réfléchit. Pour lui, Richard Durantet dit la **vérité**. Ses **sentiments** pour la sœur de Théo sont réels et il **affirme** qu'il n'est pas coupable de l'empoisonnement du troupeau. Maintenant, le jeune homme est à

seulement quelques kilomètres de la ferme familiale. Sur le **bord** de la route, **à gauche**, il y a le chemin de la ferme des Durantet. Il tourne à gauche.
Quand il arrive dans la cour de la ferme, un vieil homme aux cheveux blancs **en bataille** sort de la maison. Théo Baudois descend de voiture.
« Bonjour, Monsieur Durantet !
– Qui êtes-vous ?
– Je...
– Je vous connais ! Oui, je connais ce visage. Tu... Tu es...
– Théo Baudois, le fils de Jacques et de Marie-Claude. »
À ces mots, le visage du vieil homme change de couleur.
« Que veux-tu ?
– Je sais que votre fils est en garde-à-vue.
– Mon Richard n'a rien fait !
– Je peux vous poser quelques questions ?
– Non ! Je n'ai rien à te dire ! Tu es un **menteur**, comme tes parents ! Vous voulez notre **perte** ! **Disparais** ! »
Le vieil homme est très en colère. Théo Baudois n'insiste pas. Il **remonte** dans la voiture et **s'en va**.
Pendant qu'il roule, il parle à voix haute :
« Pauvre sœurette, ton beau-père n'est pas facile. »
Quelques minutes plus tard, le jeune homme roule **de nouveau** sur la route départementale. Mais bientôt, il entend un **bruit étrange**.

bord *m*	Rand
à gauche	links
en bataille	zerzaust
menteur *m*	Lügner
perte *f*	*hier:* Untergang
disparaître *irr*	verschwinden
remonter	*hier:* wiedereinsteigen
s'en aller *irr*	weggehen
de nouveau	erneut
bruit *m*	Lärm
étrange	seltsam, komisch

« Clac ! Clac ! Clac ! »
Le jeune homme s'arrête sur le bord de la route. Il sort de la voiture et **remarque** qu'il a un **pneu crevé**.
« Oh non, dit-il, ce n'est pas vrai ! »
La Deux-Chevaux de sa sœur n'a pas de **roue de secours**. Théo Baudois prend son téléphone portable dans la **poche** de son **blouson**. Mais il fait la grimace : il n'y a pas de **réseau** ! À ce moment-là, il entend un klaxon
« Tût ! Tût ! »
Une petite Peugeot arrive vite et se gare devant la Deux-Chevaux. La **portière** du conducteur s'ouvre et une petite jeune femme blonde descend de la voiture. Théo Baudois est très surpris, il **bégaie**.

remarquer	bemerken
pneu *m*	Reife
crevé	*hier:* platt
roue *f* **de secours**	Ersatzrad
poche *f*	Tasche
blouson *m*	Jacke
réseau *m*	Netz
portière *f*	Autotür
bégayer	stottern

Exercice 9 : Dialogue. Lesen Sie weiter und bringen Sie die folgenden Sätze in die richtige Reihenfolge!

☐ **a)** – Toi non plus. Que se passe-t-il ?

☐ **b)** – Pas de problème : j'ai une roue de secours. Je vais t'aider.

☐ **c)** – Oui, c'est moi. Tu... Tu n'as pas changé.

☐ **d)** « Cla... Claire ?

☐ **e)** – Théo ? Théo Baudois ? C'est bien toi ?

☐ **f)** – J'ai un pneu crevé.

Une demi-heure plus tard, Théo Baudois rentre à la ferme familiale. Il roule **tout doucement**. Clémentine est dans la cour.

tout doucement	ganz langsam
rien du tout	gar nichts
embrasser	küssen
joue *f*	Wange
destin *m*	Schicksal

« Ma voiture ! Qu'as-tu fait à ma voiture ?

– **Rien du tout** : un pneu crevé. Et tu n'as pas de roue de secours !

– Tu n'es jamais content ! Tu as pu voir Richard ? »

Le jeune homme répond à sa sœur pendant qu'ils marchent vers la maison :

« Oui, j'ai vu Richard et aussi son père.

– Tu as aussi vu le père Durantet ? »

Théo Baudois regarde sa sœur droit dans les yeux.

« Oui. Et il n'est pas très sympathique.

– Et Richard ?

– Je crois qu'il est innocent.

– C'est vrai ? Tu vas l'aider ?

– Oui, je vais essayer. »

Clémentine **embrasse** son frère sur la **joue**.

« Merci, frérot ! Tu m'aides à préparer le dîner ?

– Non, désolé, je...

– Tu n'aimes pas faire la cuisine, **hein** ?

– Non, j'ai... Je suis invité à dîner ce soir. Chez Claire. C'est elle qui m'a aidé à réparer la voiture.

– Tu rentres dans le Cantal, tu tombes en panne de voiture et c'est Claire qui t'aide à réparer. Tu sais comment ça s'appelle ? Le **destin**, frérot, le destin. »

4 Secrets et mensonges

Le soir, Théo Baudois arrive dans la cour devant la maison de la famille Machon. Claire et son frère Patrick sont des amis d'enfance de Théo et de Clémentine. Claire est **infirmière** et Patrick est **garagiste**, comme leur père. Pendant longtemps, Claire et Théo **ont été en couple**. Puis Claire est allée faire ses études à Clermont-Ferrand. Théo, lui, est allé faire une école de journalisme à Paris. Ils **se sont séparés**. Et Claire s'est mariée. Théo a eu beaucoup de petites amies, mais jamais rien de sérieux.

Quand il descend de voiture, Théo est nostalgique. Il se souvient des étés passés avec Claire. Théo sonne. La jeune femme lui ouvre la porte.

« Bonsoir, Théo !

Bonsoir ! »

Théo **tend** un **bouquet** de fleurs à Claire. Elle sourit.

« Merci beaucoup.

– Je t'en prie. Je te remercie pour... »

À ce moment-là, un jeune homme **mal rasé** et aux cheveux **ébouriffés** sort de la maison. Il porte un jean et une chemise à carreaux.

« Tiens, dit Théo, salut Patrick !

mensonge *m*	Lüge
infirmière *f*	Krankenschwester
garagiste *m/f*	KFZ-Mechaniker/in
être *irr* **en couple**	ein Paar sein
se séparer	sich trennen
tendre	*hier:* reichen
bouquet *m*	Strauß
mal rasé	schlecht bzw. unrasiert
ébouriffé	zerzaust

– Ouais, salut…
– Ça va ? »
Apparemment, le jeune homme ne veut pas parler. Sa sœur lui demande :

déranger	stören
suivre *irr*	folgen
découvrir *irr*	entdecken
éveillé	wach

« Tu ne dînes pas avec nous ?
– Je ne veux pas **déranger**. Je vais au garage[i].
– Tu… ?
– J'ai du travail à l'atelier. »
Patrick Machon marche vers le garage. Claire pose le bouquet de fleurs sur un guéridon et **suit** son frère. Patrick Machon ouvre la porte de l'atelier. Il répare de vieilles voitures. Théo suit Claire. Il **découvre** la collection de voitures anciennes.
« Ouah ! » dit-il.
Patrick Machon ignore son ami d'enfance. Il porte une batterie de voiture.
« Patrick, s'il te plaît ? » lui demande sa sœur.
Le jeune homme ne répond pas et ferme la porte de l'atelier.
« Je suis désolé, dit Théo à Claire. Ce n'est pas une bonne idée…
– Ce n'est pas de ta faute : Patrick a beaucoup de problèmes depuis la mort de notre mère.
– Et la séparation avec Clémentine.
– Viens ! Allons dîner ! »
Il est presque minuit quand Théo Baudois rentre à la ferme familiale. Quand il entre dans la maison, Clémentine est encore **éveillée**.
« Tu ne dors pas ?
– Non, je m'inquiète pour Richard. Ta soirée ?
– Sympa.

Vorsicht, faux ami! Der französische Begriff *garage* kann wie im Deutschen „Garage" bedeuten, es kann aber auch ein „Autohaus" bezeichnen, oder wie hier eine „Werkstatt".

Exercice 10 : Vocabulaire. Kreuzen Sie die richtige Antwort an!

1. Die Person, die Autos repariert:

a) ☐ le garagiste b) ☐ le bagagiste

2. Ein kleiner runder Tisch:

a) ☐ le guidon b) ☐ le guéridon

3. Ein Blumenstrauß:

a) ☐ un bouquet de fleurs b) ☐ un paquet de fleurs

4. Ein Paar sein:

a) ☐ être en couple b) ☐ être en troupe

– Seulement sympa ?
– Que veux-tu entendre ?
– Je ne sais pas… Claire est amoureuse de toi, et tu l'aimes aussi.
– Bonne nuit, sœurette ! »

Il est six heures du matin quand plusieurs véhicules de la gendarmerie nationale entrent dans la cour de la ferme Durantet. Il y a l'adjudant Lombard et plusieurs autres gendarmes en uniforme. Ils accompagnent Richard Durantet, qui est menotté. Jules Durantet, le père de Richard, sort de la maison et crie :
« Que se passe-t-il ? Que faites-vous ici ? »
Puis il voit son fils et ajoute :
« Richard ! Mon garçon ! »

Serge Lombard s'approche du vieil homme et lui dit :
« Monsieur Durantet, nous allons **fouiller** votre ferme. »
Le vieil homme est très en colère. Il répond :
« Faites ce que vous voulez ! Nous n'avons pas de secret ! »
Les gendarmes commencent à fouiller tous les bâtiments de la ferme. Bientôt, on entend crier :

fouiller	durchsuchen
étable *f*	Viehstall
acide *m*	Säure
label *m*	*hier:* Gütezeichen
neutre	*hier:* unbefangen

« Mon adjudant ! Venez voir ! »
Deux gendarmes sont dans une **étable** : ils montrent un tonneau en métal.
« Qu'y a-t-il ? demande le sous-officier.
– C'est de l'**acide**, mon adjudant ! »
Jules Durantet crie :
« Qu'avez-vous trouvé ?
– De l'acide, Monsieur Durantet. Et c'est de l'acide qui a empoisonné le troupeau de vos voisins.
– Quoi ? Mais il n'y a pas d'acide dans notre étable ! Nous avons le **label** bio : tout est propre ici ! »
À ce moment-là, Théo Baudois arrive dans la cour. Quand il descend de voiture, Serge Lombard lui demande :
« Que fais-tu ici ?
– J'ai vu les voitures de gendarmerie. Tu fais une perquisition ?
– Oui.
– Tu as trouvé quelque chose ?
– Oui. »
Théo Baudois sourit.
« Qu'est-ce que tu as trouvé ?
– Théo ! Je ne veux pas que tu t'occupes de cette histoire ! Tu n'es pas **neutre** ! »

Deux gendarmes en uniforme font monter Richard Durantet dans une **fourgonnette**.
« Appelez aussi les TIC !
– Les TIC ? demande Théo Baudois.
– Ce sont les Techniciens en Identification Criminelle. »
Serge Lombard marche vers sa voiture. Mais Théo Baudois le **rattrape**.
« Serge, s'il te plaît ?
– Nous avons trouvé de l'acide. Maintenant, au revoir ! »
Bientôt, Théo Baudois **est de retour** dans la ferme familiale. Il discute avec Clémentine :

fourgonnette *f*	Transporter
rattraper	*hier:* nachrennen
être *irr* **de retour**	zurück sein

Exercice 11 : Discussion. Lesen Sie weiter und bringen Sie die folgenden Sätze in die richtige Reihenfolge!

a) – Non, ce n'est pas possible ! Richard est innocent ! Il n'a rien fait ! »

b) – De l'acide ? C'est avec de l'acide que mon troupeau a été empoisonné.

c) – Oui, et Serge croit que Richard Durantet est coupable.

d) – Quoi ? Et qu'ont-ils trouvé ?

e) « Les gendarmes ont perquisitionné la ferme Durantet.

f) – Un tonneau d'acide.

1. c **2.** ____ **3.** ____ **4.** ____ **5.** ____ **6.** ____

Théo Baudois réfléchit. Il dit à Clémentine :
« Il faut que je parle avec maman.
– Tu crois que c'est le moment pour **vous réconcilier** ? C'est Richard qui a des problèmes.
– Oui, mais maman connaît[i] peut-être la solution. »
Une heure plus tard, Clémentine et Théo arrivent chez Claire Machon. La jeune femme va partir au travail. Théo Baudois lui demande :
« Claire, où est Patrick ?
– Il n'est pas là. Pourquoi ?
– Sais-tu où il est ?
– Il fait une réparation dans la ferme des Durantet.
– Mon Dieu ! s'exclame Théo. Clémentine, appelle Serge ! On y va !
– Je viens aussi », dit Claire.

se réconcilier	sich versöhnen
fusil *m*	Gewehr
arme *f*	Waffe

Die Rechtschreibung der französischen Sprache hat in Frankreich einen hohen Stellenwert. Sie wird von einer im XVII. Jahrhundert gegründeten Institution, der *Académie française*, festgelegt und regelmäßig angepasst bzw. geändert. Als zuletzt durchgeführte Änderung gilt der Verzicht auf den *Accent circonflexe* auf den Buchstaben *i* und *u*, bis auf ein paar Ausnahmen: *connaît* wird z. B. zu *connait*. Da sie viele Gegner hat, wird diese neue Rechtschreibung allerdings nur empfohlen, ist aber nicht verpflichtend. Beide Varianten werden also akzeptiert.

Quand ils arrivent dans la cour de la ferme des Durantet, Patrick Machon est debout en face du père. Le jeune homme a un **fusil** dans les mains.
« Patrick, non ! » crie Claire.
Maintenant, une voiture de gendarmerie arrive. C'est Serge Lombard et deux autres gendarmes en uniforme. Ils sortent leurs **armes**. Pendant ce temps, Théo parle à Patrick :
« Patrick, ne fais pas ça, s'il te plaît ! Pense à Claire…

– Et à moi ! » ajoute Clémentine.
Patrick Machon hésite. Puis il pose son fusil. Les deux gendarmes en uniforme le menottent. L'adjudant demande à son ami d'enfance :
« Comment as-tu su ?
– L'acide sulfurique : c'est l'acide des batteries de voiture.
– Mais pourquoi ?
– Patrick n'est pas le fils de Paul Machon, mais de Jules Durantet. Il le sait depuis que ses parents sont morts. Paul Machon le savait et il **était dur avec** son « fils ». Patrick a voulu **se venger** de son père et en même temps de Richard... à cause de Clémentine... »

être *irr* **dur avec qn**	mit jdm. hart umgehen
se venger	sich rächen
accompagner	begleiten
se promener	spazieren
main dans la main	Hand in Hand
mignon	*hier:* süß

Le lendemain matin, Théo Baudois quitte la ferme familiale avec son sac de voyage. Il embrasse sa mère sur les deux joues. Une voiture klaxonne : c'est Claire, qui l'**accompagne** à la gare à Aurillac. Marie-Claude Baudois sourit et dit :
« Maintenant, tu as une raison de revenir dans le Cantal.
– Au revoir, Maman.
– Sais-tu où est ta sœur ?
– Elle est allée **se promener**. Elle arrive. »
Le jeune homme monte dans la voiture de Claire. Quand elle sort du chemin de la ferme pour tourner à gauche, Théo Baudois et elle voient Clémentine et Richard : ils se promènent **main dans la main** et marchent vers la ferme des Baudois.
« Ils sont **mignons**, dit Claire.
– Je crois que ma mère et le vieux Durantet doivent se parler. C'est la première fois depuis Mai 1968. « Mort aux vaches ! », c'est fini ! »

Exercice 12 : Devinette. Finden Sie die passenden Begriffe und finden Sie heraus, was zwischen Clémentine und Richard einerseits und Claire und Théo andererseits ein paar Jahre nach dieser Geschichte passieren wird!

1. Un slogan de Mai 1968 : [*M*] _o_ _r_ _t_ aux vaches !

2. Le prénom de madame Baudois :

   _ [ ] _ _ _ - _ _ _ _ _ _

3. L'acide vient des _ _ _ _ _ [ ] _ _ _ de voiture.

4. Les Durantet ont une ferme _ [ ] _.

5. Théo Baudois est _ _ _ _ _ _ _ _ _ _ [ ].

6. Claire Machon est _ _ _ _ _ _ _ _ [ ] _.

Lösung: Ils vont se [*M*] [ ] [ ] [ ] [ ] [ ]. »

La vieille Norma

Gabrielle Robein

1 Homicide rue Caroline

Quand elle arrive dans la rue Caroline, près de la place Clichy, dans le 17e arrondissement parisien, Estelle voit d'abord les voitures de pompiers et de police. Puis, elle remarque des gens du quartier et des journalistes devant la porte de sa maison. Elle est un peu **inquiète**. Elle espère que tout va bien chez elle. Elle veut entrer, mais un homme l'arrête. Il présente sa carte et dit :

inquiet	besorgt
passer	*hier:* durchgehen
colocataire *m/f*	Mitbewohner, Mitbewohnerin
air *m*	*hier:* Miene
supposer	vermuten
homicide *m*	Tötung

« Commissaire Jacquet. Stop, Mademoiselle, on ne **passe** pas.
– Mais j'habite ici. Au quatrième étage...
– Au quatrième étage ? Quel est votre nom ?
– Estelle Mansoni.
– Vous vivez seule ?
– Non, avec ma **colocataire**, Aurélie Jardin. »

Le commissaire la regarde d'un **air** désolé :

« Je dois vous annoncer une mauvaise nouvelle... On a retrouvé le corps d'Aurélie dans votre appartement. Elle est morte. Nous **supposons** que c'est un **homicide**. »

Paris ist in 20 *arrondissements* (Bezirke) unterteilt, die jeweils von einem Stadtrat und einem Bürgermeister verwaltet werden. Das siebzehnte *arrondissement* liegt im nordwestlichen Teil der Hauptstadt.

Estelle est sous le choc. Elle **s'écrie** :
« Oh non ! Quelle horreur ! Norma ! C'est elle ! Je suis sûre que c'est la vieille Norma qui a fait ça ! »

s'écrier	rufen
suivre *irr*	*hier:* folgen
être *irr* **inscrit**	eingeschrieben sein

Dans les heures qui **suivent**, la jeune fille est au commissariat. Elle répond aux questions des enquêteurs.
« Quelle est votre date de naissance ?
– Je suis née le 19 février 1999.

Exercice 1 : Complétez. Ergänzen Sie die Informationen über Estelle!

Nom : *Mansoni*

Prénom : ______________________

Date de naissance : ______________________

Adresse : 12, rue ______________________

75017 Paris

– Que faites-vous dans la vie ?
– Je suis étudiante. Je **suis inscrite** en master d'anthropologie, à l'université Paris Diderot.
– Et comment est-ce que vous avez rencontré Aurélie Jardin ?
– Aurélie et moi, nous venons de la même ville, Mâcon.
– Mâcon ?
– Oui, en Bourgogne, près de Dijon.
– D'accord. Et alors ?
– Nous sommes allées à l'école ensemble. Et après le baccalau-

réat, nous nous sommes installées à Paris. Alors, nous avons décidé d'habiter ensemble. Les **loyers** sont chers ici !
– Vous avez parlé d'une **certaine** Norma... Vous **soupçonnez** cette femme d'être l'auteure du crime... Qui est-ce ?! »

loyer *m*	Miete
certain	*hier:* gewiss
soupçonner	verdächtigen
cauchemar *m*	Alptraum

Exercice 2 : Supprimez l'intrus. Welches Wort passt nicht in die Reihe? Unterstreichen Sie!

1. la maison | la voiture | l'appartement | l'étage
2. le policier | la colocataire | l'enquêteur | le commissaire
3. le master | le pompier | l'université | l'étudiant
4. dire | informer | soupçonner | annoncer

Estelle ne dit rien. Le commissaire continue :
« Je sais que c'est difficile pour vous. Mais vos informations sont importantes. »
Estelle voudrait pleurer. Elle a l'impression d'être dans un **cauchemar**. Mais elle veut aider le policier. Alors, elle se concentre et raconte :
« L'histoire commence en juin dernier : Enzo, un copain de l'université, m'invite à passer trois semaines en juillet dans la maison de vacances de ses parents, en Ardèche. Je suis très contente. J'adore l'Ar-

> Wenn man im Französischen vom *auteur du crime* spricht, ist nicht von einem Autor, sondern dem Täter die Rede.

dèche. C'est une région magnifique. Et puis, Enzo a invité d'autres amis. On va bien s'amuser !
Pour financer ces vacances, je décide de **sous-louer** ma chambre à Paris. Aurélie, ma colocataire, est d'accord. Elle, elle ne part pas en juillet, mais en août. Elle va donc habiter avec le ou la **sous-locataire** et **s'assurer** que tout se passe bien avec cette personne.

sous-louer	untermieten
sous-locataire *m/f*	Untermieter, Untermieterin
s'assurer	sicherstellen
tableau *m* **d'affichage**	Anschlagbrett
logement *m*	Unterkunft
en effet	tatsächlich

Je place une petite annonce sur le **tableau d'affichage** d'une école de langue : peut-être que des étudiants étrangers cherchent un **logement** pour un temps limité ? **En effet**, deux jours plus tard, une femme me téléphone. »
Estelle fait une pause. Le policier dit simplement :
« Prenez votre temps, Mademoiselle. »
La jeune fille attend un peu, puis elle reprend :

Exercice 3 : Les verbes. Lesen Sie weiter und ergänzen Sie die fehlenden Verbformen!

s'appelle | est | dit | se présente | a

« La femme au téléphone **1.** *se présente* : elle **2.** ______________ Norma. Elle **3.** ______________ espagnole. Elle me **4.** ______________ qu'elle **5.** ______________ soixante-cinq ans !

Elle est retraitée. Elle a du temps et elle voyage beaucoup. Une vieille dame qui voyage, c'est **surprenant**, mais intéressant ! Elle adore la France et elle est à Paris pour prendre des cours de langue. Elle veut **améliorer** son français, mais **à vrai dire**, moi, je trouve qu'elle parle déjà très bien ! Nous **fixons** donc **un rendez-vous** pour la visite de l'appartement. »

surprenant	erstaunlich
améliorer	verbessern
à vrai dire	eigentlich
fixer un rendez-vous	einen Termin vereinbaren
douloureux	schmerzhaft
encourager	ermutigen

Estelle s'arrête encore. Les souvenirs sont **douloureux**. Le commissaire l'**encourage** :

« Norma vient donc chez vous visiter l'appartement.

– Oui. Deux heures après notre conversation téléphonique, elle sonne à notre porte.

Exercice 4 : Le présent. Konjugieren Sie die folgenden Verben im Präsens!

1. Aurélie et Estelle habiter *habitent* à Paris.

2. Norma aimer ____________ beaucoup voyager.

3. « Je trouver ____________ que vous parler ____________ bien français ! » dit Estelle à Norma.

– Pendant cette première rencontre, vous êtes seule avec elle ?

– Non, Aurélie est là aussi. En fait, elle et moi, nous trouvons Norma un peu spéciale. Elle parle beaucoup, elle répète souvent les mêmes choses et ce qu'elle dit n'est pas toujours logique. Mais elle ne **semble** pas méchante. Et moi, j'ai vraiment besoin d'argent pour mes vacances ! Donc nous l'acceptons comme sous-locataire.

sembler	scheinen
s'installer	sich einrichten
baignade *f*	Baden
rivière *f*	Fluss
faire *irr* **la grasse matinée**	ausschlafen

Une semaine plus tard, je pars en Ardèche et Norma **s'installe** chez nous.»

Estelle se prend la tête entre les mains. Elle revoit la situation comme si c'était hier. Elle est en Ardèche chez Enzo, elle passe des vacances parfaites : promenades et visites des petits marchés dans les vieux villages, **baignades** dans l'eau fraîche des **rivières**, apéritifs avec les amis à la terrasse des cafés, fêtes et **grasses matinées**... Estelle oublie Paris et Norma. Jusqu'à l'appel téléphonique d'Aurélie, un dimanche après-midi.

2 Norma doit partir

« J'ai peur », dit Aurélie au téléphone.

Estelle est dans le jardin. Un peu plus loin, ses amis s'amusent dans la piscine. Elle les entend rire. L'**ambiance** est joyeuse. Quel contraste avec la **voix** d'Aurélie à Paris !

« Norma est **étrange**. Elle reste toute la journée à la maison, dans sa chambre. Et le soir, elle sort. Je suppose qu'elle ne va pas loin de chez nous, à Pigalle ou à Montmartre. Elle rentre très tard.

– Seule ?

– Non, avec Marie-Ange.

– Marie-Ange ? Qui c'est ?

– Son amie. Toutes les deux, elles ont fait connaissance pendant un voyage de Marie-Ange en Espagne. Enfin... c'est ce que Norma raconte....

ambiance *f*	Stimmung
voix *f*	Stimme
étrange	komisch
chargé de	beladen mit
ramener	zurückbringen

– Bon, jusqu'ici, je ne vois pas où est le problème. Norma sort la nuit. Elle a une copine. Tout va bien, si je comprends bien !

– Non, laisse-moi continuer ! Elle revient toujours à l'appartement **chargée** d'objets qu'on trouve dans les boutiques de souvenirs pour touristes : des sacs à main, des flacons de parfum, des cartes postales. Elle en[i] **ramène** de grandes quantités. Ce n'est pas normal.

En ist ein Pronomen. In diesem Satz steht es für „*des articles de boutiques de souvenirs*".

– Qu'est-ce qu'elle fait de tout ça ?

– Je ne sais pas ! Mais je pense que ces objets sont

des objets **volés**ⓘ. Parfois, il y a encore les étiquettes avec les prix.

voler	*hier:* stehlen

Exercice 5 : La négation. Welcher Satz ist korrekt? Kreuzen Sie an!

1. ☐ **a)** Norma non va loin.
   ☑ **b)** Norma ne va pas loin.

2. ☐ **a)** Je ne vois pas le problème.
   ☐ **b)** Je ne pas vois le problème.

3. ☐ **a)** Elle n'achète les cartes postales.
   ☐ **b)** Elle n'achète pas les cartes postales.

4. ☐ **a)** Ce n'est normal.
   ☐ **b)** Ce ne est pas normal.

– Voler des sacs à main ou des flacons de parfum, pourquoi pas ? Mais voler des cartes postales, je ne comprends pas !?
– Moi, je crois qu'elle est cleptomane, ou quelque chose comme ça...
– Cleptomane ? C'est grave ! Tu penses qu'elle pourrait aussi voler tes affaires ?
– Je me le demande ! Je ne suis vraiment pas tranquille !
– Je comprends ! Qu'est-ce qu'on fait ? Tu as une idée ?
– Je ne veux plus la voir chez nous ! Elle doit partir ! »
Estelle entend encore les rires d'Enzo et des autres dans l'eau.

ⓘ Das französische Verb *voler* hat zwei verschiedene Bedeutungen: Es kann sowohl *stehlen* als auch *fliegen* bedeuten.

Exercice 6 : Les adjectifs. Lesen Sie weiter und unterstreichen Sie die richtige Form der Adjektive!

Pour eux, la vie est beau / belle sous le soleil d'Ardèche. Ils n'ont pas de problèmes sérieux / sérieuse. Mais pour Estelle, les nuages **approchent** et le ciel devient grise / gris. Elle pense à l'argent du loyer. Elle n'est pas très riches / riche, et elle a bien besoin de cette somme.

Mais elle ne peut pas ignorer les informations que donne Aurélie. Elle propose :

« Norma habite avec toi depuis deux semaines. Le contrat est pour un mois de sous-location. Voilà mon idée : nous lui **rendons** la moitié du prix du loyer, et nous lui demandons de partir. Cela me semble correct. Tu es d'accord ?

approcher	sich annähern
rendre *irr*	zurückgeben
se fâcher	böse werden
rester ferme	hart bleiben
effectivement	in der Tat
être *irr* **dans tous ses états**	völlig außer sich sein

– Oui, ça me va. J'espère seulement qu'elle ne va pas **se fâcher** et devenir agressive... »

Le soir, Estelle appelle Norma. Elle lui explique qu'elle doit quitter l'appartement. Norma n'est pas contente et proteste. Mais Estelle **reste ferme**. Finalement, Norma annonce qu'elle va partir le samedi suivant.

Effectivement, le samedi matin, ses bagages[i] sont prêts. Le taxi doit passer la prendre dans quelques minutes. Mais Aurélie **est dans tous ses états**.

Exercice 7 : Traduisez. **Übersetzen Sie die Sätze ins Französische!**

1. Ich habe ein Zimmer in einer Wohnung.

J'ai une chambre dans un appartement.

2. Der Vertrag ist für einen Monat.

____

3. Die Miete ist teuer.

____

4. Norma wohnt seit zwei Wochen bei Aurélie.

____

« Norma ! Il y avait des **boucles d'oreilles** dans la salle de bain ! Où sont-elles ? »
– Qu'est-ce que vous voulez dire ? répond Norma. Je ne sais pas de quoi vous parlez ! »

boucle *f* **d'oreille**	Ohrring
gêner	stören
exagérer	übertreiben
accuser	beschuldigen
preuve *f*	Beweis
s'adoucir	weicher werden

Normalerweise steht das Wort *bagages* (Gepäck) immer im Plural. Unter dem Einfluss der englischen Sprache (*baggage*) jedoch, wird es immer häufiger im Singular als Synonym zu *valise* (Koffer) verwendet.

Nathan, le petit ami d'Aurélie, est là aussi. La situation le **gêne** et il trouve qu'Aurélie **exagère**.
« Arrête Aurélie ! Tu ne peux pas **accuser** quelqu'un sans **preuve** ! »
Mais Aurélie, sûre d'elle, ne s'**adoucit** pas. Elle crie à Norma :

« Mes boucles d'oreilles préférées ! Le cadeau de mes parents pour mes dix-huit ans ! Elles sont précieuses ! Très précieuses ! Norma, je veux regarder dans votre valise et **vérifier** qu'elles n'y sont pas ! »

Norma n'a même pas le temps de réagir, Aurélie prend la valise. Mais Norma résiste. Les deux femmes **luttent** un peu. Finalement, la valise tombe... et s'ouvre ! Les affaires **s'éparpillent** devant la porte de l'entrée.

« Oh ! »

Maintenant, Aurélie ne dit plus rien. Nathan reste **muet**, lui aussi. Tous les deux, ils reconnaissent des vêtements, mais aussi des livres, des CD qui sont à Aurélie ou à Estelle. Norma a volé beaucoup plus que les boucles d'oreille ! Quelle **stupéfaction** ! Alors, Aurélie déclare froidement :

vérifier	überprüfen
lutter	kämpfen
s'éparpiller	umhergestreut werden
muet	stumm
stupéfaction *f*	*hier:* Überraschung
rassembler	sammeln
tête basse *f*	mit gesenktem Haupt
quand même	immerhin
faire *irr* **de la peine**	leidtun

« Norma, donnez-moi tout de suite mes boucles d'oreilles ! »

Norma tremble, mais ne fait rien. Aurélie montre la porte du doigt :

« Sortez Norma ! »

Norma veut **rassembler** ses affaires. Mais Aurélie pousse la valise avec son pied.

« Stop ! Vos affaires restent ici. Je vous les rends seulement si vous, vous me rendez mes boucles d'oreilles. »

Norma, **tête basse**, met son manteau, et elle quitte l'appartement.

Après son départ, Nathan est le premier à parler.

« **Quand même**, elle me **fait de la peine** ! Elle va dormir où ?

– Aucune idée ! Ce n'est pas mon problème !
– Aurélie, tu n'es pas sympa. La pauvre !
– Comment ça, la pauvre ? C'est une **voleuse**, et toi, tu devrais être solidaire avec moi, pas avec elle ! Et puis, ne te fais pas de soucis ! Tu vas voir : dans une heure, elle est de retour, elle s'excuse, elle me dit où sont les boucles d'oreille, et voilà ! Fin de l'histoire ! »

voleur *m*	Dieb
se tromper	sich irren
récupérer	*hier:* zurücknehmen
en colère	zornig
se débarrasser	loswerden
Croix-Rouge *f*	Rote Kreuz
s'inquiéter	sich Sorgen machen
responsable	verantwortlich

Mais Aurélie **se trompe**. Les jours passent. Norma ne revient pas. Aurélie **récupère** dans la valise ses affaires et les affaires d'Estelle. Puis, comme Norma ne donne toujours pas de nouvelles, Aurélie, toujours **en colère**, décide de **se débarrasser** de la valise.
« Tu es sûre ? demande Nathan. Ce sont quand même les affaires de Norma. Qu'est-ce que tu vas faire si elle vient pour les réclamer ?
– Maintenant, elle ne va plus revenir ! C'est sûr. »
Et elle dépose la valise devant un container à vêtements de la **Croix Rouge**, à cent mètres de chez elle.
Le lendemain, le téléphone sonne. C'est l'ambassade d'Espagne. La famille de Norma **s'inquiète** beaucoup. La vieille dame a des problèmes psychiques et doit prendre régulièrement des médicaments. Si elle ne les prend pas, elle est en grand danger. Mais elle n'a pas donné de nouvelles depuis dix jours.
« Quel malheur ! pense Aurélie. Maintenant, je vais être **responsable** des problèmes de Norma ! »

3 Marie-Ange

Après son départ de chez Aurélie et Estelle, Norma téléphone à son amie :

« Marie-Ange, j'ai un gros problème... »

Elle pleure. Marie-Ange est inquiète :

« Qu'est-ce qu'il y a Norma ? Ça ne va pas ?

– Non, pas du tout ! Tu sais que j'habite chez une étudiante...

– Oui. Et alors ?

– Elle a pris mes valises, mon argent, tout ! Ensuite, elle m'**a ordonné** de partir !

– Comment ? Mais elle ne peut pas faire ça ! C'est **injuste** ! Et puis, ce n'est pas légal ! »

Norma pleure encore plus.

« Où es-tu, Norma ? J'arrive ! »

Marie-Ange prend le premier métro et retrouve Norma dans un café de Montmartre.

« Il faut aller voir la police !

– Non, non, s'il te plaît ! Aurélie est une fille très **violente**, dit Norma. J'ai peur d'elle ! J'ai peur de sa réaction si je contacte la police. »

Marie-Ange insiste un peu, mais finalement, devant la panique de Norma, elle **abandonne** et invite Norma à dormir chez elle. Son appartement, situé dans le quinzième arrondissement, est petit, mais Marie-Ange est **généreuse**. Elle ne peut pas imaginer laisser la vieille dame comme ça, sans aide.

ordonner	befehlen
injuste	ungerecht
violent	gewalttätig
abandonner	*hier:* aufgeben
généreux	großzügig

Exercice 8 : Les mots interrogatifs. Finden Sie die passende Antwort!

1. « Qu'est-ce que tu prends ?
   – ❒ a) Un café. ❒ b) Norma. »
2. « Qui est-ce que tu retrouves ?
   – ❒ a) Une amie. ❒ b) Trois euros. »
3. « Où vas-tu ?
   – ❒ a) À Paris. ❒ b) D'Espagne. »
4. « Comment tu viens ?
   – ❒ a) En métro. ❒ b) Chez moi. »

1. *a)* 2. ___ 3. ___ 4. ___

Norma accepte tout de suite. Elle passe trois nuits chez elle, puis, le troisième jour, elle annonce qu'elle va faire les courses et elle ne revient plus.

Pendant l'**entretien** avec le commissaire de police, elle explique :

entretien *m*	*hier:* Gespräch

« J'ai rencontré Norma il y a cinq ans, pendant mes vacances en Catalogne, près de Barcelone : un jour, je suis à la terrasse d'un petit restaurant, au bord de la mer. Elle est assise à la table d'à côté et elle commence à me parler. On se revoit le lendemain, et puis encore les jours suivants. C'est plus une copine qu'une amie : nous n'avons pas de conversation très personnelle, très intime. Mais elle sympathique. Et quand mes vacances sont finies et que je rentre en France, nous restons en contact sur les réseaux sociaux.

Quand je reçois un appel téléphonique de Norma en juillet, cette année, pour me dire qu'elle est à Paris, je suis assez **surprise**. On se donne alors rendez-vous dans un café.

Norma est une femme un peu spéciale : elle est petite et elle **a l'air fragile**. Pourtant, elle raconte qu'elle voyage beaucoup et qu'elle a fait le tour du monde ! Elle est très **bavarde** et ses histoires ne sont pas très **cohérentes**. Je me dis que c'est parce qu'elle est vieille. En tous cas, elle est gentille. Je l'aime bien et je retourne une ou deux fois **prendre un verre** avec elle, le soir. À chaque fois, elle me laisse payer l'addition, mais cela ne me **dérange** pas. Je ne sais pas si elle a beaucoup d'argent ; je ne sais pas comment elle finance ses voyages...

Exercice 9 : Deux copines. Antworten Sie auf die Fragen!

1. Dans quelle région espagnole est-ce que Marie-Ange passe ses vacances ?

____

2. Où est Marie-Ange quand Norma lui parle pour la première fois ?

____

3. Comment les deux femmes restent-elles en contact quand Marie-Ange rentre en France ?

____

4. Quand est-ce que Norma téléphone à Marie-Ange pour lui dire qu'elle est à Paris ?

____

Le jour où elle se dispute avec Aurélie, sa colocataire, je trouve normal de l'**héberger**. Je lui pose des questions sur sa famille. Je veux savoir qui contacter pour l'aider. Mais elle ne répond pas vraiment.

– Aujourd'hui vous n'avez aucune idée d'où peut se trouver Norma ? interroge le commissaire de police.

– Non, aucune idée ! Elle ne connaît personne à Paris. Je suis sa seule amie. Je ne comprends pas pourquoi elle est partie. Je pense qu'elle a de gros problèmes. Un accident peut-être, ou une **agression**...

– Pour l'instant, aucun hôpital n'a fait de **signalement**... Nous allons faire des recherches.

Et c'est ainsi que la police s'informe auprès de l'ambassade espagnole.

L'ambassade connaît le nom de Norma Fernandez. La secrétaire qui répond au téléphone explique au policier :

« Le frère de madame Fernandez nous a contactés il y a deux jours. Il s'inquiète pour sa sœur, qui **souffre** de troubles psychotiques. Normalement, quand elle prend ses médicaments, elle a des relations sociales plutôt normales. Même si des aspects de son comportement peuvent sembler étranges. Mais parfois, elle décide de ne plus prendre ses médicaments. Les raisons de cette **décision** sont difficiles à comprendre, mais c'est une décision **assez** banale chez les personnes psychotiques. Alors, c'est la catastrophe. Norma Fernandez peut devenir dangereuse, pour elle-même ou pour les autres.

surpris	überrascht
avoir *irr* **l'air**	aussehen; wirken
fragile	*hier:* zerbrechlich
bavard	gesprächig
cohérent	logisch, konsequent
prendre *irr* **un verre**	etwas trinken gehen
déranger	stören
héberger	unterbringen
agression *f*	Angriff
signalement *m*	*hier:* Meldung
souffrir *irr*	leiden
décision *f*	Entscheidung
assez	*hier:* ziemlich

C'est pourquoi monsieur Fernandez n'aime pas quand sa sœur part en voyage. Quand elle est chez elle, il lui rend visite régulièrement : ils habitent dans la même ville. Mais quand elle est en vacances, c'est différent. Et justement, en ce moment, monsieur Fernandez est très inquiet : il n'a pas de nouvelles de Norma depuis plusieurs jours. Il nous a donc fait un signalement. **Au cas où**...

au cas où	*hier:* sicherheitshalber
confier	*hier:* beauftragen
lutte *f*	Kampf
marque *f*	*hier:* Spur
coup *m*	Schlag
par ailleurs	außerdem
désordre *m*	Unordnung
assassin *m/f*	Mörder/-in
vigoureux	kräftig
mener l'enquête *f*	die Ermittlung leiten

Quelques jours plus tard, Aurélie est **tuée** dans son appartement. L'enquête est **confiée** au commissaire Jacquet. Ses hommes sont formels : Aurélie est morte après une **lutte**. Il y a des **marques** de **coups** sur son corps. **Par ailleurs**, l'appartement était en grand **désordre**. On peut donc supposer que l'**assassin** est une personne **vigoureuse**, sûrement pas une vieille femme. La police scientifique[i] le confirme : un cheveu, retrouvé sur la chemise de la jeune fille, est analysé : c'est un cheveu brun qui appartient à un homme de trente ou quarante ans environ.

Die *police scientifique* bezeichnet auf die Polizeidienste, die mit technischen und wissenschaftlichen Mitteln nach Informationen zu Kriminellen, manchmal aber auch Opfern suchen und diese identifizieren. So werden beispielsweise DNA-Spuren oder Fingerabdruckanalysen durchgeführt.

Alors que Jacquet et son équipe **mènent l'enquête** et font des hypothèses, ils reçoivent un message de leurs collègues du quinzième arrondissement. Pendant que Marie-Ange était au travail, quelqu'un est entrée chez elle et **a fouillé** son appartement.

« Cette fois, c'est sûr, se dit le commissaire Jacquet. Le ou les tueurs cherchent quelque chose. Mais quoi ? Et est-ce que l'**homicide** était programmé ? Ou est-ce qu'Aurélie est simplement arrivée au mauvais moment ? Est-ce que Norma connaît les tueurs ? Est-elle leur amie ? Leur alliée ? Ou leur **prisonnière** ?

Jacquet **soupire**. Il **a du pain sur la planche** !

fouiller	durchsuchen
homicide *m*	Mord
prisonnier *m*	Häftling
soupirer	seufzen
avoir *irr* **du pain sur la planche**	viel Arbeit vor sich haben

4 La valise de Norma

C'est le matin. Aujourd'hui, normalement, Estelle a **cours**. Mais depuis deux semaines, elle ne va plus à l'université. Comme son appartement est **sous scellé**, **suite au** meurtre d'Aurélie, elle n'habite plus chez elle, mais dans l'appartement de Maya, sa cousine.

« J'ai acheté des croissants (i). Tu en veux un ? propose Maya.

– Non merci.

– Allez ! Mange quelque chose ! Tu préfères des fruits ? Ou une omelette ? »

Estelle ne répond pas. Elle ne va pas bien du tout. Elle ne **se remet** pas des **événements** dramatiques qui **ont bouleversé** sa vie ces derniers temps, et elle fait des cauchemars toutes les nuits. Maya ne sait plus quoi faire pour l'aider.

« Tu devrais aller te promener aujourd'hui. Il fait beau. »

Cette fois, Estelle semble trouver la proposition de sa cousine intéressante. Elle **relève** la tête, puis elle dit :

« Oui, c'est vrai. Je vais sortir. Je vais aller faire un tour dans la rue Caroline. »

Maya **sursaute**.

« Comment ? Tu peux répéter,

cours *m*	Unterricht
sous scellé	versiegelt
suite à	infolge
se remettre *irr* **de**	sich von etw. erholen
événement *m*	Ereignis
bouleverser	*hier:* völlig verändern
relever	heben
sursauter	aufschrecken

(i) Die Franzosen essen nicht zu jedem Frühstück Croissants, sondern nur zu besonderen Anlässen, z. B. sonntags. Unter der Woche bevorzugen sie Brot mit Butter und Marmelade („*tartines*").

s'il te plait ? Rue Caroline ? Dans ton appartement ?
– Bien sûr que non ! Mon appartement est fermé ! Je veux seulement me promener dans le quartier.
– Je trouve que ce n'est pas une bonne idée. C'est dangereux. Imagine que les assassins **traînent** aussi dans le quartier ! La police ignore encore qui ils sont, et ce qu'ils veulent. Peut-être qu'ils te cherchent… Peut-être qu'ils veulent te tuer, toi aussi…
– Ça m'est égal. J'y vais !
– Tu es vraiment **têtue** ! Bon, je viens avec toi ! **Il n'est pas question de** te laisser partir seule. »
Les deux filles **se mettent en route**. Elles arrivent place de Clichy, près de la rue Caroline.

↯ **traîner**	herumhängen
têtu	störrisch
Il n'est pas question de…	Es steht außer Frage, dass …
se mettre en route	sich auf den Weg machen
lieu *m*	Ort

Exercice 10 : Les lieux de la ville. Lesen Sie weiter und ergänzen Sie die fehlenden Wörter!

boulangerie | cinéma | librairie | ~~restaurant~~

Estelle retrouve les **lieux** qu'elle connaît bien : le grand **1.** *restaurant* où on mange des fruits de mer, et l'autre, le restaurant libanais, son préféré ! La **2.** ________ où elle achète ses livres, l'épicerie, le **3.** ________ qui présente des films alternatifs… Et la **4.** ________ qui fait la meilleure baguette du quartier !

Les voitures et les bus roulent et **klaxonnent** sur le boulevard des Batignolles. Sur le trottoir, deux hommes se disputent. Ils ont bu trop d'alcool. Un peu plus loin, une famille de touristes regarde un plan de la ville et cherche le Moulin Rouge. Beaucoup de gens passent à côté d'eux, sans les remarquer les Parisiens n'ont pas le temps, ils vont travailler !

« Ah ! La vie continue comme avant, ici ! » dit Estelle, heureuse.

Elle prend la rue Darcet. Elle veut aller dans un petit café qu'elle aime bien. Maya marche derrière elle. Mais au milieu de la rue, Maya s'arrête soudainement.

« Oh !

– Qu'est-ce qu'il y a ? demande sa cousine.

– Tu vois le **SDF**, là-bas ? »

Un peu plus loin, un homme **est allongé** devant les **poubelles**, entre des bouteilles vides et des papiers journaux. Il semble dormir. Des sacs et une valise sont posés près de lui.

Exercice 11 : Singulier et pluriel. Finden Sie die entsprechende Singularform!

1. les poubelles *la poubelle*
2. les restaurants libanais __________
3. des bouteilles vides __________
4. des papiers journaux __________
5. des hommes dangereux __________

– Oui. Et alors ?

– Regarde la grosse valise bleue. C'est la valise de Norma...

klaxonner	hupen
SDF (Sans Domicile Fixe) *m/f*	Obdachlose
être allongé	liegen
poubelle *f*	Abfalleimer
interpeller	ansprechen
clochard *m*	Stadtstreicher
se détendre *irr*	sich entspannen
inattendu	unerwartet
évoluer	entwickeln
ne plus y tenir	nicht mehr durchhalten
s'asseoir *irr*	sich hinsetzen

– Tu es sûre ?

– Oui ! Bleue turquoise, avec un soleil jaune dessiné dessus. Ce n'est pas banal…

– C'est vrai.

– On appelle la police !

– Tu crois que cela va intéresser la police ?

– Certainement ! Il y a peut-être des choses dans cette valise qui vont nous donner des indices pour retrouver Norma. Qui sait ?

– Mais ce SDF a sûrement vidé la valise…

– Il a peut-être des choses à raconter. Je ne sais pas, moi ! Écoute, je téléphone au commissaire Jacquet ! On va bien voir ce qu'il dit ! »

Moins de vingt minutes plus tard, le commissaire Jacquet et son assistant sont dans la rue et **interpellent** le **clochard**. Celui-ci a d'abord peur quand les deux policiers lui parlent. Il se demande ce qu'ils veulent. Mais il finit par se calmer et accepte d'aller avec eux au commissariat pour répondre à leurs questions. De retour chez Maya, Estelle prend une douche pour **se détendre**. Elle espère très fort que sa rencontre **inattendue** va pouvoir faire **évoluer** l'enquête. Mais maintenant, elle doit attendre. Il n'y a rien d'autre à faire.

Le lendemain, elle **n'y tient plus**. Elle passe au commissariat pour savoir s'il y a des nouvelles.

« Bonjour Mademoiselle. Entrez et **asseyez-vous** », lui dit Jacquet. Il est content.

« Nous **avons** beaucoup **de chance** ! Nous avons fouillé la valise. Et nous avons trouvé des choses intéressantes... »
Estelle écoute **attentivement**. Le commissaire place sur le bureau des petits **sachets** de **poudre** blanche :

Exercice 12 : Devinettes. Ergänzen Sie die Buchstaben und finden Sie das Wort, das der Definition entspricht!

1. personne qui n'a pas de maison un *S* *D* *F*

2. recherche faite par la police une __ __ qu __ t __

3. lieu où travaillent les policiers

le c __ mm __ __ __ __ __ r __ __ t

4. informations des n __ __ __ __ l l __ __

5. bagage une v __ l __ __ __

6. petit sac un s __ c __ __ t

« Vous savez ce que c'est ? demande-t-il.
– Eh bien... Je **suppose** que... C'est de la drogue, comme on voit dans les films !
– Exactement ! De l'héroïne.
– Norma prend des drogues ? »
Jacquet sourit.
« Non, nous avons interrogé sa famille. C'est très **improbable**. »
Tout à coup. Estelle panique.
« En tous cas, **ni** Aurélie, **ni** moi ne consommons ce genre de produit !

avoir *irr* **de la chance**	Glück haben
attentivement	aufmerksam
sachet *m*	Beutel
poudre *f*	Puder
supposer	vermuten
improbable	unwahrscheinlich
ni... ni...	weder... noch...

- Nous ne vous accusons pas ! Nous avons une autre explication.
- Ah oui ? Laquelle ?
- Ces sachets d'héroïne étaient bien **cachés** dans la **doublure** de la valise. Nous sommes **quasiment** sûrs qu'ils ont été placés là par des **trafiquants de drogue**. **À l'insu de** Norma.
- À l'insu de Norma ? Comment le savez-vous ?
- Nous avons collecté des informations sur la personnalité de Norma. C'est une dame très naïve, mais pas **délinquante**. **De toute évidence**, les trafiquants, **à un moment donné**, ont perdu la **trace** de la valise. Ils ont commencé à chercher.
- C'est comme ça qu'ils sont arrivés chez Aurélie et moi...
- C'est ça...
- J'imagine la situation... Ils trouvent Aurélie dans l'appartement... Ils ont peur qu'elle crie ou qu'elle **appelle à l'aide**. Il la tue...
- Malheureusement, vous avez raison.
Après un temps, le commissaire ajoute :
- Et maintenant, nous allons tout faire pour retrouver Norma... avant les tueurs ! Elle est en danger.

cacher	verstecken
doublure *f*	*hier:* Futter
quasiment	quasi
trafiquant *m* **de drogue**	Drogenhändler, Drogenhändlerin
à l'insu de quelqu'un	unbemerkt
délinquant *m/f*	Rechtsbrecher/-in
de toute évidence *f*	offensichtlich
à un moment *m* **donné**	zu einem bestimmtem Zeitpunkt
trace *f*	Spur
appeler à l'aide	um Hilfe rufen

5 La vieille dame en danger

Le commissaire Jacquet **tourne en rond** dans son bureau. Il pense à l'affaire Aurélie Jardin. À cette heure-ci, les assassins sont toujours libres. Et Norma Fernandez est en danger. Ces derniers jours, Jacquet a beaucoup cherché, mais il ne trouve pas ! L'enquête **piétine** et Jacquet est frustré.

tourner en rond	umherirren
piétiner	*hier:* nur langsam vorankommen
apprécier	schätzen
comme d'habitude *f*	wie gewohnt

On frappe à la porte.
« Entrez », dit Jacquet.
C'est Léonard, son assistant, un homme discret et compétent. Jacquet l'**apprécie**. Tous les deux, ils s'entendent bien.
« Du nouveau ? demande Jacquet, curieux.
– Et comment ! Vous permettez, commissaire ? »
Léonard prend une chaise et s'assoit[i].
« Un café ? » propose Jacquet.

> [i] Das Verb *s'assoir* entspricht dem deutschen „sich hinsetzen". Im Passé composé (zusammengesetzte Vergangenheitsform) lautet es: *s'être assis.* („Er hat sich hingesetzt": *Il s'est assis*). „Sitzen" hingegen heißt: *être assis.* („Er sitzt": *Il est assis.*)

Léonard accepte. **Comme d'habitude**, le café de Jacquet n'est pas bon : il est froid.
« Je vous écoute, dit le commissaire.
– Ce matin, une femme nous a téléphoné. Elle habite avec son mari dans le nord de Paris, sur le boulevard Ornano. Tous les

deux, ils entendent régulièrement des **gémissements** dans l'appartement à côté de chez eux.

– Des gémissements ? Quel type de gémissements ?

– Un peu comme un **chien** qui pleure quand ses **maîtres** sont partis.

– Léonard ? Vous venez me voir pour me parler d'un chien qui pleure ?

– Non, non, commissaire !! C'est une simple **comparaison**. En fait, l'homme et la femme pensent que c'est peut-être un enfant. Ou une personne **faible**.

gémissement *m*	Wimmern, Stöhnen
chien *m*	Hund
maître *m*	*hier:* Herrchen
comparaison *f*	Vergleich
faible	schwach
sonnette *f*	Klingel
fichier *m*	*hier:* Register
arrêter	*hier:* verhaften
prison *f*	Gefängnis
gémir	stöhnen
en manque	*hier:* auf Entzug

– Vous avez rendu visite à ces gens ?

– Oui. J'ai regardé le nom sur la **sonnette** de l'appartement du voisin. C'est un « Alfonso Lanzo ».

– Alfonso Lanzo ? Vous avez des informations sur lui ? »

– Oui, l'homme est dans nos **fichiers** ! C'est un vendeur d'héroïne qu'on **a** déjà **arrêté** deux fois. Il a passé deux ans en **prison** et il est sorti l'année dernière.

– Et pourquoi une personne **gémit** dans son appartement ? Un drogué **en manque** ? Ou bien.... Ou bien... Léonard, vous savez à quoi je pense ?

– Je crois que oui, mais dites-moi ..

– La personne qu'on entend... Et si c'était Norma Fernandez[i] ?

– Exactement. J'ai eu la même idée !

Ins Deutsche übertragen bedeutet die Frage: "Was, wenn es Norma wäre?". Mit *si* in Verbindung mit dem Imparfait werden im Französischen häufig Hypothesen (Annahmen) formuliert.

– Voilà mon hypothèse: Lanzo pense que Norma sait où est la drogue. Il la **retient prisonnière** pour qu'elle lui **révèle** la **cachette**.
– Oui. Norma lui a donné l'adresse d'Aurélie Jardin. L'homme n'a pas trouvé la valise. Il a voulu faire parler la jeune étudiante et finalement...
– Oui ! On connaît la triste fin... Lanzo habite seul ?
– Les voisins disent que oui. L'**agence immobilière** confirme.
– Bien, Lanzo n'a donc pas de complice. Écoutez mon plan : nous allons observer l'appartement et les **allées et venues** de Lanzo. Nous devons savoir à quelle heure l'homme sort de chez lui en général, où il va et pour combien de temps.
– Et ensuite ?
– Quand il est absent, nous entrons chez lui et nous **mettons** Norma **en sécurité**. Ensuite, on l'arrête. »

Exercice 13 : Le futur proche. Wandeln Sie die Sätze vom Présent ins *Futur proche* um!

1. Nous observons l'appartement.

Nous allons observer l'appartement. ______

2. L'homme sort de chez lui à quelle heure ?

______

3. Les policiers entrent chez l'homme.

______

4. On arrête l'homme.

______

retenir *irr* **prisonnier**	gefangen halten
révéler	enthüllen
cachette *f*	Versteck
agence *f* **immobilière**	Immobilien-agentur
allées et venues *f pl*	Kommen und Gehen
mettre *irr* **en sécurité**	in Sicherheit bringen
immeuble *m*	Wohnhaus
habillé en civil	in Zivil gekleidet
tournevis *m*	Schraubenzieher
couloir *m*	Flur
sombre	dunkel
mitoyen	*hier:* gemein-schaftlich
pousser	schieben
brutalement	brutal; knallhart
armé	bewaffnet

Jacquet est dans sa voiture. Il voit Lanzo sortir de l'**immeuble** et prendre le boulevard Ornano en direction de la station de métro Simplon. Normalement, à cette heure-là, il va prendre un verre au bar, en face du métro. Jacquet a environ une heure pour agir. C'est assez de temps. Quelques policiers sont dans la rue, **habillés en civil**, pour être sûr que tout se passe bien. Jacquet fait le code et entre dans l'immeuble. Il prend les escaliers et il va jusqu'au deuxième étage. Il passe un petit **tournevis** entre le **mur** et la porte et donne un **coup** : la porte s'ouvre facilement. « La porte n'est pas fermée à clé ? Bizarre… » pense Jacquet. Dans le **couloir** de l'appartement, il fait **sombre**. D'après les calculs de Jacquet, Norma est dans la pièce à droite, juste après la porte. La pièce a un mur **mitoyen** avec les voisins : c'est pourquoi ils entendent bien les gémissements. Le commissaire pousse la porte de cette pièce. C'est une chambre : Il y a un lit, et sur ce lit, le corps d'une personne. La personne se tourne vers Jacquet.
« Madame Fernandez ? C'est vous ? » demande-t-il.
Mais la femme n'a pas le temps de répondre. Quelqu'un **pousse brutalement** Jacquet dans le dos. Jacquet tombe. Derrière lui se trouve un homme **armé** d'un pistolet.

« Zut ! se dit-il. Lanzo n'est donc pas seul ! Il faut absolument **gagner du temps**... »
L'homme demande d'un air **menaçant** :
« Qu'est-ce que tu fais là ? Qu'est-ce que tu cherches ? Tu es un policier, c'est ça ? »
Et l'homme donne plusieurs **coups de pied** dans le ventre de Jacquet. Norma crie. Jacquet a peur. Il pense au micro qui est sous sa veste : normalement, ses collègues sont déjà informés de ses problèmes !
« Mais qu'est-ce qu'ils font ? se demande-t-il. S'ils n'arrivent pas très vite, ma dernière heure est venue ! »
Tout à coup, Léonard entre et **réussit** à **immobiliser** l'homme armé **par derrière**. Un autre policier arrive et passe les **menottes** au copain de Lanzo.
– Eh bien ! Merci Léonard ! Vous m'avez sauvé la vie !
– C'est tout naturel, commissaire !
Jacquet **se relève**, avec l'aide d'un des policiers. Il a un peu mal, mais ça va. Sur le lit, la vieille dame est choquée et ne dit plus rien.
– Vous allez bien, Madame ?
Plus tard, au commissariat, Norma raconte son histoire.
« En juin, je décide de faire un voyage à Paris. Je vais à la gare routière de Barcelone et j'achète mon billet de bus. Oui, j'aime bien voyager en bus. Ça coûte moins cher, et ça me rappelle ma jeunesse ! Le problème, c'est qu'il y a deux heures d'attente avant le départ du bus ! Je ne sais pas trop quoi faire à la gare. Il fait chaud, j'ai ma grosse valise avec moi. C'est alors que je

gagner du temps	Zeit gewinnen
menaçant	bedrohlich
coup *m* **de pied**	Fußtritt
réussir	es schaffen
immobiliser	blockieren; lähmen
par derrière	hinterrücks
passer les menottes	Handschellen anlegen
se relever	sich wieder erheben

fais la connaissance d'un monsieur très gentil avec moi. Il m'invite à boire une limonade.

Exercice 14 : Choisissez. Kreuzen Sie die richtige Option an!

1. Norma est dans

❒ **a)** le couloir.

❒ **b)** la chambre.

❒ **c)** la cuisine.

2. Sous sa veste, Jacquet a

❒ **a)** un micro.

❒ **b)** un appareil photo.

❒ **c)** une caméra.

3. Un policier

❒ **a)** donne des coups de pieds

❒ **b)** passe les menottes

❒ **c)** donne un pistolet

à l'homme.

4. Jacquet

❒ **a)** va très bien.

❒ **b)** a un peu mal.

❒ **c)** va très mal.

– Il vous dit qui il est ?
– Il me dit qu'il s'appelle Pablo.
– Une fausse identité. En fait, cet homme, c'est Lanzo ! Et ensuite ?

– On discute ensemble. Il raconte qu'il travaille dans l'immobilier et qu'il est bientôt à Paris pour les affaires. Alors, je lui donne l'adresse de mon hôtel là-bas et nous **promettons** de nous revoir.
– Et finalement, il vient vous voir dans cet hôtel ?
– Non. Finalement, je ne vais pas à l'hôtel. C'est trop cher ! Je réponds à une petite annonce pour une colocation chez une étudiante.
– Vous n'avez pas revu Lanzo à ce moment-là ?
– Non, seulement plus tard. Après la colocation chez l'étudiante, j'habite chez mon amie Marie-Ange. Un jour, **par hasard**, je rencontre Pablo... euh .... monsieur Lanzo dans la rue. Il propose d'aller manger chez lui, boulevard Ornano.
– Vous acceptez ?
– Bien sûr ! Il est tellement **aimable** ! Et puis, je n'ai pas beaucoup d'amis à Paris. Moi, je suis une personne sociable. J'aime bien discuter avec des gens !

Exercice 15 : Les pronoms personnels objet. Lesen Sie weiter und ergänzen Sie den Text mit den fehlenden Pronomen!

l' le lui vous

– Vous ne trouvez pas bizarre de **1.** _le_ voir comme ça, dans la rue ?

– Le monde est petit parfois ! Pourquoi cette question commissaire ?

– Lanzo **2.** ______ cherchait. À Barcelone, vous **3.** ______ avez parlé de votre projet de prendre un cours de langue à Paris. Ça a pris trois semaines, mais il a retrouvé votre trace.

– Comment pouvez-vous être sûr de cela ?

– Je **4.** ______ ai interrogé ! Il m'a lui-même donné ces informations !

– Alors vous savez déjà tout ?
– C'est votre version qui m'intéresse ! Continuez : vous vous rencontrez dans la rue. Il vous invite chez lui. Vous allez avec lui. Et après ?
– À ce moment-là... les problèmes commencent. Quand je suis chez lui, un de ses amis arrive. Tous les deux, ils me demandent où est ma valise. Je ne comprends pas bien pourquoi. Je leur explique qu'elle est encore chez la jeune étudiante et je leur donne l'adresse. Malgré tout, ils ne veulent pas me laisser partir. Ils ferment la porte à clé. Ils disent que je serai libre quand ils auront retrouvé la valise[i]. Je commence à pleurer, mais ils m'**enferment** dans la chambre et m'ordonnent de ne pas faire de bruit et de rester là, sinon ils vont me tuer. Voilà ! Je suis contente d'être libre maintenant !
– Un instant, Madame, dit le commissaire. Vous avez quand même passé la frontière entre l'Espagne et la France avec une valise pleine de drogue. Je peux vous **emprisonner** pour cela.
Le stress se lit dans les yeux de Norma :
– Oh monsieur le commis-

promettre *irr*	versprechen
par hasard	zufällig
aimable	freundlich
interroger	*hier:* abfragen
enfermer	einsperren
emprisonner	inhaftieren

[i] In diesem Satz stehen die Verben in der Zukunftsform. Der Satz bedeutet: *„Ich werde frei sein, wenn Sie den Koffer wiedergefunden haben werden."*

saire ! Je suis innocente ! Il faut me croire ! C'est Pablo... euh... Lanzo, qui a placé cette chose dans la valise.
– À quel moment ?
– À la gare de Barcelone, je pense. Je suis allée faire du shopping pendant une heure et il **a gardé** mes bagages.
– Lanzo dit que vous avez participé volontairement au transport de la marchandise illégale et qu'ensuite, vous avez décidé de continuer le trafic seule pour vous faire plus d'argent. Cela explique que vous n'êtes pas allée à l'hôtel. Pour que Lanzo ne vous retrouve pas.

garder	*hier:* auf etw. aufpassen
pâle	blass
surveillance *f* **vidéo**	Videoüberwachung
vulnérable	verletzbar

Norma devient **pâle.** Elle ne sait plus quoi dire.
« Bon ça va, **soupire** le commissaire. Les caméras de **surveillance vidéo** à la gare de Barcelone confirment votre version, et les experts psychiatres affirment que vous êtes une personne **vulnérable**. Vous êtes libre. »
Et il ajoute avec un sourire :
« Mais la prochaine fois... faites attention aux personnes inconnues. Et à votre valise ! »

Test final
Solutions
Glossaire
Liste des exercices

Test final

Exercice 1 : L'histoire continue. Setzen Sie alle Verbformen ins *Futur proche*, um herauszufinden, was aus Joël und Carole wird!

Carole Vanier **1.** *va mettre* son casque. Elle **2.** être ____________ un petit peu triste. Mais elle sait que Joël et elle **3.** rester ____________ amis. Elle **4.** reprendre ____________ son travail à la compagnie de Saumur. Elle pense que Sophie et Joël **5.** devenir ____________ un couple. Elle part à moto et dit : « Maintenant, je **6.** penser ____________ à moi. »

Exercice 2 : Cherchez l'intrus. Welches Wort passt nicht in die Reihe? Unterstreichen Sie!

1. professeur adjudant lieutenant capitaine
2. témoin enquête suspect hôtel
3. dîner interrogatoire menu vin
4. amoureux jaloux rose malheureux
5. roseraie pierre tailleur troglodyte

Exercice 3 : Présent. **Unterstreichen Sie die richtige Form!**

1. Norma es / est espagnole.
2. Estelle n'aime / aiment pas beaucoup Norma. En fait, elle ai / a un peu peur d'elle.
3. Norma et son amie Marie-Ange prenons / prennent un café ensemble.
4. Un SDF dors / dort dans la rue : la valise de Norma se trouve à côté de lui.
5. Norma raconte : « Je rencontre / rencontres Lanzo dans la rue. Nous discutons / discutez un peu, puis je vais / va chez lui. »

Exercice 4 : Questions. **Stellen Sie die passenden Fragen zu den jeweiligen Antworten!**

1. *Où habite Théo Baudois* ? Il habite à Lyon.
2. ______________________ ? C'est ma sœur.
3. ______________________ ? Parce que c'est amusant.
4. ______________________ ? Je parle de la ferme.
5. ______________________ ? Il faut qu'on parle.
6. ______________________ ? Je parle de Claire.

Exercice 5 : Devinette. **Finden Sie die gesuchten Begriffe!**

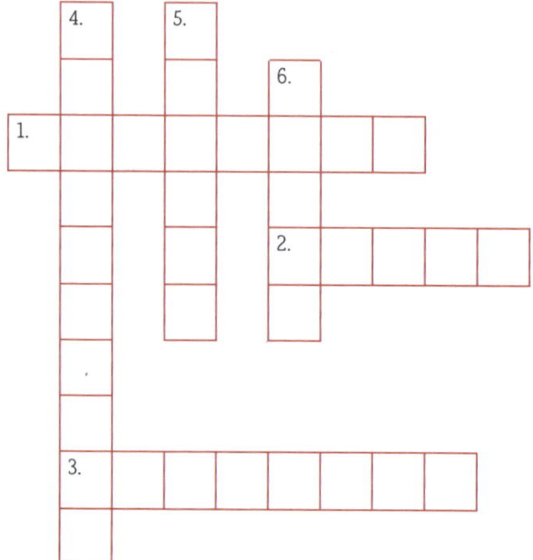

Horizontalement :

1. Les roses sont cultivées dans une...

2. Le « Troglo pour toi ! » est un...

3. Le surnom de la mère de Joël Vincenti est...

Verticalement :

4. La victime était dans un...

5. Dans son travail, la victime taille une...

6. L'arme du crime est une...

Exercice 6 : Expressions. **Welche Begriffe gehören zusammen?**

1. ☐	conduire	**a)** en panne
2. ☐	tomber	**b)** un jean
3. ☐	porter	**c)** une question
4. ☐	faire	**d)** à gauche
5. ☐	poser	**e)** une voiture
6. ☐	tourner	**f)** une école de journalisme

Solutions

Cœur de pierre

Exercice 1 : **1.** C'est Joël Vincenti. **2.** Il a trente-huit ans. **3.** Il est lieutenant de gendarmerie. **4.** Il est français. **5.** Il y a un crime dans un troglodyte.

Exercice 2 : **1.** vrai **2.** faux (Autour du corps, il y a beaucoup de roses rouges.) **3.** vrai **4.** faux (Les deux étudiants et le propriétaire sont dehors.)

Exercice 3 : **1.** ville **2.** quatre-quatre **3.** belle-mère **4.** détester **5.** histoire

Exercice 4 : **1.** Tracy Roberts-Malherbe **2.** Sylvain Grenier **3.** Albert Charbonnier **4.** Magali Malherbe **5.** Carole Vanier

Exercice 5 : **1.** moto **2.** église **3.** femme **4.** lunettes **5.** panneau

Exercice 6 : **1.** en **2.** à **3.** sur **4.** à **5.** de

Exercice 7 : **1.** b **2.** f **3.** a **4.** e **5.** c **6.** d

Exercice 8 : **1.** allons boire **2.** vais prendre **3.** vas m'aider **4.** va prendre **5.** allez déboucher **6.** vont interroger

Exercice 9 : **1.** menu **2.** salade **3.** fromage **4.** plat **5.** servir
Solution: Tracy

Exercice 10 : **1.** d **2.** a **3.** e **4.** b **5.** c

Exercice 11 : **1.** Carole Vanier est plus têtue que Joël Vincenti. **2.** Antoinette Vincenti est plus bavarde que son fils. **3.** Sylvain Grenier est moins énervé que Magali Malherbe. **4.** Carole est moins amoureuse que Sophie. **5.** Albert Charbonnier est plus jaloux que les autres amants.

Exercice 12 : **1.** Joël **2.** capitale **3.** troglodyte **4.** Carole **5.** bijoux **6.** Sylvain **7.** hôtel

Solution : jalouse

Mort aux vaches !

Exercice 1 : **1.** d **2.** c **3.** a **4.** b

Exercice 2 : **1.** tracteur **2.** vaches **3.** moutons **4.** chats **5.** poules

Exercice 3 : **1.** vrai **2.** faux (Clémentine et Patrick sont séparés.) **3.** faux (Marie-Claude Baudois veut un fils éleveur.) **4.** faux (Beaucoup de choses ont changé depuis la mort du père.)

Exercice 4 : **1.** Tu reprends la ferme. **2.** Théo crie.
3. Marie-Claude Baudois sort de la cuisine.
4. La vieille dame pose une question.
5. Elle ne regarde pas son fils.

Exercice 5 :

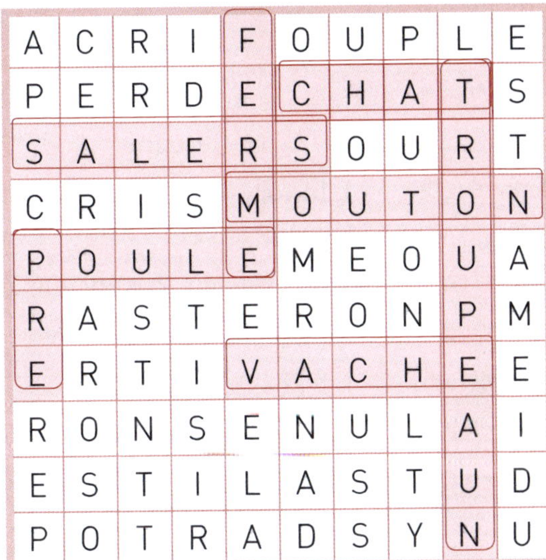

Exercice 6 : **1.** Théo Baudois **2.** Clémentine **3.** Serge Lombard **4.** Claire Machon **5.** Patrick **6.** Richard Durantet

Exercice 7 : **1.** se lever **2.** garer **3.** à pied **4.** serrer la main à quelqu'un **5.** raccrocher

Exercice 8 : **1.** réfléchir **2.** au courant **3.** coupable **4.** preuves **5.**séduire

Exercice 9 : **1.** d **2.** e **3.** c **4.** a **5.** f **6.** b

Exercice 10 : **1.** a **2.** b **3.** a **4.** a

Exercice 11 : **1.** e **2.** d **3.** f **4.** b **5.** c **6.** a

Exercice 12 : **1.** Mort **2.** Marie-Claude **3.** batteries **4.** bio **5.** journaliste **6.** infirmière

Solution : marier

La vieille Norma

Exercice 1: **1.** Mansoni **2.** Estelle **3.** 19 février 1999 **4.** 12, rue Caroline

Exercice 2 : **1.** la voiture **2.** la colocataire **3.** le pompier **4.** soupçonner

Exercice 3: **1.** se présente **2.** s'appelle **3.** est **4.** dit **5.** a

Exercice 4 : **1.** habitent **2.** aime **3.** trouve **4.** parlez

Exercice 5: **1.** b **2.** a **3.** b **4.** b

Exercice 6 : **1.** belle **2.** sérieux **3.** gris **4.** riche

Exercice 7 : **1.** J'ai une chambre dans un appartement. **2.** Le contrat est pour un mois. **3.** Le loyer est cher. **4.** Norma habite depuis deux semaines chez Aurélie.

Exercice 8: **1.** a **2.** a **3.** a **4.** a

Exercice 9: **1.** Marie-Ange passe ses vacances en Catalogne. **2.** Quand Norma lui parle pour la première fois, Marie-Ange est à Barcelone, à la terrasse d'un petit restaurant, au bord de la mer. **3.** Elles restent en contact sur les réseaux sociaux. **4.** Norma téléphone à Marie-Ange pour lui dire qu'elle est à Paris en juillet.

Exercice 10 : **1.** restaurant **2.** librairie **3.** cinéma **4.** boulangerie

Exercice 11 : **1.** la poubelle **2.** le restaurant libanais **3.** un papier journal **4.** un homme dangereux

Exercice 12 : **1.** un SDF **2.** une enquête **3.** le commissariat **4.** des nouvelles **5.** une valise **7.** un sachet

Exercice 13 : **1.** Nous allons observer l'appartement. **2.** L'homme va sortir de chez lui à quelle heure ? **3.** Les policiers vont entrer chez l'homme. **4.** On va arrêter l'homme.

Exercice 14 : **1.** b **2.** a **3.** b **4.** B

Exercice 15 : **1.** le **2.** vous **3.** lui **4.** l'

Test final

Exercice 1 : **1.** va mettre **2.** va être **3.** vont rester **4.** va reprendre **5.** vont devenir **6.** vais penser

Exercice 2 : **1.** professeur **2.** hôtel **3.** interrogatoire **4.** rose **5.** roseraie

Exercice 3 : **1.** est **2.** aime, a **3.** prennent **4.** dort **5.** rencontre, discutons, vais

Exercice 4 : **1.** Où habite Théo Baudois ? **2.** Qui est-ce ? **3.** Pourquoi souris-tu ? **4.** De quoi parles-tu ? **5.** Qu'y a-t-il ? **6.** De qui parles-tu ?

Exercice 5 :

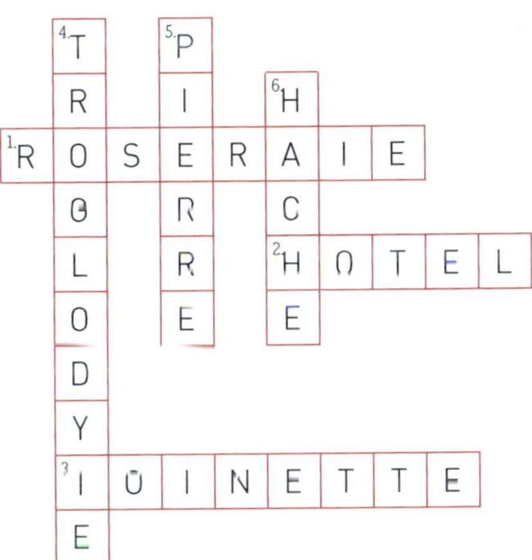

Exercice 6 : **1.** e **2.** a **3.** b **4.** f **5.** c **6.** d

Glossaire

ϟ = umgangssprachlich
f = feminin
m = maskulin
pl = Plural
irr = unregelmäßiges Verb

à ces mots	als sie/er das hört(e)
s'adoucir	weicher werden
à droite	rechts
à gauche	links
à l'insu de quelqu'un	unbemerkt
à l'intérieur	innen
à pied	zu Fuß
à tes/vos ordres	zu Befehl
à un moment *m* **donné**	zu einem bestimmtem Zeitpunkt
à voix *f* **basse**	leise
à voix *f* **haute**	laut
à votre avis	Ihrer Meinung nach
à vrai dire	eigentlich
abandonner	*hier:* aufgeben
accéder à qc	zu etw. Zugang haben
accompagner	begleiten
accuser	beschuldigen
acide *m*	Säure
adjoint *m*	Stellvertreter(in)
affirmer	behaupten
agence *f* **immobilière**	Immobilienagentur
agité	*hier:* lebendig

agrandir	vergrößern; erweitern
agression *f*	Angriff
agriculture *f*	Landwirtschaft
aimable	freundlich
ainsi	so
air *m*	*hier:* Miene
ajouter	hinzufügen
allées et venues *f pl*	Kommen und Gehen
amant *m/f*	Liebhaber(in)
ambiance *f*	Stimmung
améliorer	verbessern
amener	jdn. mitbringen
amer	bitter
ancien	*hier:* ehemalig
apparaître *irr*	erscheinen
appeler à l'aide	um Hilfe rufen
apporter	etw. (mit)bringen
apprécier	schätzen
approcher	sich annähern
armé	bewaffnet
arme *f*	Waffe
arrêt *m* **de bus**	Bushaltestelle
arrêter	*hier:* festnehmen, verhaften
assassin *m/f*	Mörder, Mörderin
s'asseoir *irr*	sich hinsetzen
assez	*hier:* ziemlich
s'assurer	sicherstellen
attaquer	angreifen
attentivement	aufmerksam
au cas où	*hier:* sicherheitshalber
au fait	übrigens
autour de	um... herum, rund um
aventure *f*	*hier:* Affäre
avoir *irr* **besoin de**	brauchen
avoir *irr* **de la chance**	Glück haben
avoir *irr* **du pain sur la planche**	viel Arbeit vor sich haben

avoir *irr* **envie de faire qc**	Lust haben, etw. zu tun
avoir *irr* **l'air**	aussehen, wirken
avoir *irr* **le droit**	das Recht haben
bague *f*	Ring
baignade *f*	Baden
baisser la tête	den Kopf senken
barbe *f*	Bart
bâtiment *m*	Gebäude
bavard	gesprächig, redselig
bégayer	stottern
belle-mère *f*	*hier:* Stiefmutter
bête *f*	Tier
bêtise *f*	Dummheit
bijou *m*	Schmuck
blague *f*	Witz, Scherz
blouson *m*	Jacke
bord *m*	Rand
botte *f*	Stiefel
boucle *f* **d'oreille**	Ohrring
bouclé	gelockt
bouleverser	*hier:* völlig verändern
bouquet *m*	Strauß
bruit *m*	Lärm
brun	dunkelhaarig
brusquement	plötzlich, mit einem Schlag
brutalement	brutal, knallhart
cacher	verstecken
cachette *f*	Versteck
calmer	beruhigen
capable	fähig
capitale *f*	*hier:* Hauptstadt
capot *m*	Motorhaube
car	denn
caresser	streicheln
cauchemar *m*	Alptraum
cellule *f*	Zelle

certain	*hier:* gewiss
chargé de	beladen mit
chemisette *f*	kurzärmeliges Hemd
chien *m*	Hund
choix *m*	Wahl
clair	hell
client *m*	Kunde/Kundin
clochard *m*	Stadtstreicher
coffre *m*	Kofferraum
cohérent	logisch, konsequent
collège *m*	1. Teil vom Gymnasium (Klassen 6-9)
colocataire *m/f*	Mitbewohner(in)
colocation *f*	Wohngemeinschaft
comme d'habitude *f*	wie gewohnt, wie immer
commerce *m*	*hier:* Geschäft
commettre *irr*	begehen
communauté *f*	*hier:* Gruppierung
comparaison *f*	Vergleich
conduire *irr*	fahren
confier	*hier:* beauftragen
content	froh
corps *m*	*hier:* Leiche
coucher	*hier:* mit jdm. schlafen
couloir *m*	Flur
coup *m*	Schlag
coup *m* **de pied**	Fußtritt
coupable	schuldig
cour *f*	Hof
cours *m*	Unterricht
couteau *m*	Messer
crevé	*hier:* platt
crime *m* **passionnel**	in einem psychischen Ausnahmezustand begangenes Verbrechen
Croix-Rouge *f*	Rotes Kreuz
curieux	*hier:* neugierig

cynique	zynisch
se débarrasser	loswerden
déboucher	*hier:* entkorken
décision *f*	Entscheidung
découvrir	entdecken
défaut *m*	Fehler
dehors	draußen
délinquant *m*	Rechtsbrecher
démarrer	*hier:* den Motor starten
de nouveau	erneut
déranger	stören
descendre	*hier:* aussteigen
désordre *m*	Unordnung
dessin *m*	Motiv; Zeichnung
destin *m*	Schicksal
se détendre *irr*	sich entspannen
détester	hassen
se détester	sich hassen, sich nicht ertragen
de toute évidence *f*	offensichtlich
Deux-Chevaux *f*	Ente (Auto)
ϟ **dingue**	verrückt
disparaître *irr*	verschwinden
disparition *f*	Verschwinden
se disputer	sich streiten
divorcé	geschieden
divorcer	sich scheiden lassen
dizaine *f*	Dutzend
doublure *f*	*hier:* Futter
douloureux	schmerzhaft
droit dans les yeux	direkt in die Augen
ébouriffé	zerzaust
s'écrier	rufen
effectivement	in der Tat
église *f*	Kirche
éleveur *m*	Züchter; Bauer
embarrassé	verlegen

embonpoint *m*	Übergewicht
embrasser	küssen
emmener	jdn. mitnehmen
employé *m/f*	Angestellte(r)
empoisonné	vergiftet
empoisonnement *m*	Vergiftung
emprisonner	inhaftieren
s'en aller *irr*	weggehen
en avoir *irr* **marre de qc**	etw. satt haben
en bataille	zerzaust
en colère	zornig
en effet	tatsächlich
en espèces	bar
en fait	eigentlich
en général	im Allgemeinen, (für) gewöhnlich
en manque	*hier:* auf Entzug
encourager	ermutigen
endroit *m*	Ort
s'énerver	wütend werden
enfermer	einsperren
enfiler	anziehen
ennemi *m*	Feind
enquête *f*	*hier:* Ermittlung
enquêter	ermitteln
enquêteur *m*	Ermittler(in)
s'entendre	sich verstehen
enterrement *m*	Beerdigung
entrée *f*	*hier:* Vorspeise
entretien *m*	*hier:* Gespräch
environ	etwa
épais	dicht
s'éparpiller	umhergestreut werden
étable *f*	Viehstall
éteindre *irr*	*hier:* ausschalten
s'étonner	sich wundern
étrange	seltsam, komisch

être allongé	liegen
être *irr* **à l'aise**	sich wohlfühlen
être *irr* **assis**	sitzen
être *irr* **au courant**	auf dem Laufenden sein
être *irr* **dans tous ses états**	völlig außer sich sein
être *irr* **de retour**	zurück sein
être *irr* **de taille moyenne**	mittelgroß sein
être *irr* **debout**	stehen
être *irr* **divorcé**	geschieden sein
être *irr* **dur avec qn**	mit jdm. hart umgehen
être *irr* **en couple**	ein Paar sein
être *irr* **inscrit**	eingeschrieben sein
éveillé	wach
événement *m*	Ereignis
évoluer	entwickeln
exagérer	übertreiben
examiner	prüfen; durchlesen
exploitation *f*	*hier:* Farm
se fâcher	böse werden
facture *f*	Rechnung
faible	schwach
faire *irr* **de la peine**	leidtun
se faire *irr* **la bise**	sich auf die Wangen küssen
faire *irr* **la grasse matinée**	ausschlafen
faire *irr* **partie de**	zu ... gehören
faire *irr* **semblant de**	so tun als ob, vortäuschen
ferme *f*	Bauernhof
fichier *m*	*hier:* Register
fièrement	stolz
fixer un rendez-vous	einen Termin vereinbaren
forêt *f*	Wald
fou/folle	verrückt
fouiller	durchsuchen
fourgonnette *f*	Transporter
fragile	*hier:* zerbrechlich
frapper	klopfen, schlagen

fréquenter — *hier:* mit jdm. Umgang haben
frérot *m* — Bruderherz; Brüderchen
fusil *m* — Gewehr
gagner du temps — Zeit gewinnen
galon *m* — *hier:* (Offiziers)tresse
garagiste *m/f* — KFZ-Mechaniker(in)
garde-à-vue *f* — polizeilicher Gewahrsam
garder — *hier:* auf etwas aufpassen
garer — parken
gémir — stöhnen
gémissement *m* — Wimmern, Stöhnen
gendarmerie *f* — Polizei, die zum Militär gehört
gêner — stören
généreux — großzügig
gigot *m* **d'agneau** — Lammkeule
grille *f* — *hier:* Gittertor
guéridon *m* — kleiner runder Tisch
habillé en civil — in Zivil gekleidet
hache *f* — Axt, Beil
hanche *f* — Hüfte
haricot *m* **vert** — Brechbohne
héberger — unterbringen
hésiter — zögern
homicide *m* — Mord
hurler — schreien, brüllen
il fait frais — es ist frisch (Wetter)
Il n'est pas question de... — Es steht außer Frage, dass ...
immeuble *m* — Wohnhaus
immobiliser — blockieren, lähmen
improbable — unwahrscheinlich
inattendu — unerwartet
inconnu *m* — Unbekannte(r)
infirmière *f* — Krankenschwester
injuste — ungerecht
innocent — unschuldig
inquiet — besorgt

s'inquiéter	sich Sorgen machen
s'installer	sich einrichten
instant *m*	Augenblick
interdit	verboten
interpeller	ansprechen
interroger	*hier:* abfragen
interrompre *irr*	unterbrechen
intervenir	sich einmischen; handeln
je suis désolé	es tut mir leid
je t'en prie	ich bitte dich
joue *f*	Wange
jurer	*hier:* schwören
justement	gerade
klaxon *m*	Hupe
klaxonner	hupen
la prochaine fois *f*	nächstes Mal
la veille	am Vorabend
label *m*	*hier:* Gütezeichen
larme *f*	Träne
le lendemain	am folgenden Tag
lever	(hoch)heben
se lever	aufstehen
lieu *m*	Ort
logement *m*	Unterkunft
loger	wohnen
longtemps	lange
louer	*hier:* mieten
loyer *m*	Miete
lunettes *f pl*	Sehbrille
lutte *f*	Kampf
lutter	kämpfen
main dans la main	Hand in Hand
maison *f* **à colombages**	Fachwerkhaus
maître *m*	*hier:* Herrchen
mal rasé	schlecht bzw. unrasiert
malchance *f*	Unglück

malheureux	unglücklich
manteau *m*	Mantel
mari *m*	Ehemann
se marier avec	jdn. heiraten
marque *f*	*hier:* Spur
même	*hier:* überhaupt
menaçant	bedrohlich
mener l'enquête *f*	die Ermittlung leiten
menotter qn	jdm. Handschellen anlegen
mensonge *m*	Lüge
menteur *m*	Lügner
mérovingien	merowingisch
mettre *irr* **en sécurité**	in Sicherheit bringen
se mettre *irr* **en colère**	wütend werden
se mettre *irr* **en route**	sich auf den Weg machen
meurtre *m*	Mord
meurtrier *m*	Mörder
mignon	*hier:* süß
mise *f* **en scène**	Inszenierung
mitoyen	*hier:* gemeinschaftlich
mobile *m*	*hier:* Tatmotiv
se moquer de	sich lustig machen
monter	*hier:* einsteigen
montre *f*	Armbanduhr
mourir *irr*	sterben
muet	stumm
mur *m*	*hier:* Wand
murmurer	flüstern
ne plus y tenir	nicht mehr durchhalten
ni... ni...	weder... noch...
noisette	*hier:* braun
observer	beobachten
obtenir *irr*	bekommen; erhalten
s'occuper de	sich um etw./jdn. kümmern
œil *m*	Auge
ordinateur *m*	Computer

ordonner	befehlen
ordre *m*	Befehl
paisible	friedlich
pâle	blass
panneau *m*	Schild
par ailleurs	außerdem
par derrière	hinterrücks
par hasard	zufällig
pardonner	vergeben
passer les menottes	Handschellen anlegen
passer	*hier:* durchgehen
pauvre	arm
paysage *m*	Landschaft
pensif	nachdenklich
perquisitionner	durchsuchen
perte *f*	*hier:* Untergang
piétiner	*hier:* nur langsam vorankommen
place *f* **du mort**	Todessitz
placer en garde-à-vue	in Polizeigewahrsam nehmen
plat *m* **principal**	Hauptgericht
pleurer	weinen
pleuvoir *irr*	regnen
pneu *m*	Reife
poche *f*	Tasche
poing *m*	Faust
poitrine *f*	Brust
porter	tragen
portière *f*	Autotür
se poser des questions	sich Fragen stellen
poser une question	eine Frage stellen
poubelle *f*	Abfalleimer
poudre *f*	Puder
pousser	schieben
pré *m*	Wiese
préférer	bevorzugen
prendre *irr* **un verre**	etw. trinken gehen

preuve *f*	Beweis
prison *f*	Gefängnis
prisonnier *m*	Häftling
se promener	spazieren
promettre *irr*	versprechen
propriétaire *m/f*	Besitzer/in
propriété *f*	*hier:* Anwesen
quand même	doch, immerhin
quasiment	quasi
quatre-quatre *m*	Geländewagen
quelquefois	manchmal
quotidien *m*	Tageszeitung
raccompagner	(nach Hause) begleiten
raccrocher	*hier:* auflegen
racheter	abkaufen
ramener	zurückbringen
rassembler	sammeln
rattraper	*hier:* nachrennen
se réconcilier	sich versöhnen
récupérer	*hier:* zurücknehmen
réfléchir	überlegen
régler	*hier:* bezahlen
relever	heben
se relever	sich wieder erheben
remarquer	bemerken
se remettre *irr* **de**	sich von etw. erholen
remonter	*hier:* wiedereinsteigen
rendre *irr*	zurückgeben
se renseigner	sich erkundigen
renseignement *m*	Auskunft
rentrer	*hier:* nach Hause gehen
reprendre *irr*	das Wort wieder aufgreifen; übernehmen
réseau *m*	Netz
responsable	verantwortlich
rester ferme	hart bleiben

retenir *irr* **prisonnier**	gefangen halten
retour *m*	*hier:* Rückkehr
réussir	es schaffen
révéler	enthüllen
rivière *f*	Fluss
ronronner	schnurren
roseraie *f*	Rosengarten
roue *f* **de secours**	Ersatzrad
rouler	*hier:* fahren
route *f* **départementale**	Landstraße
roux	rot (Haare)
sachet *m*	Beutel
sauter	springen
SDF (Sans Domicile Fixe) *m/f*	Obdachlose
séché	getrocknet
séduire	verführen
selle *f*	Sattel
sembler	scheinen
sentiment *m*	Gefühl
séparer	trennen
se séparer	sich trennen
sérieux	ernst
serrer la main à qn	jdm. die Hand schütteln
servir *irr*	bedienen
signalement *m*	*hier:* Meldung
sœurette *f*	Schwesterherz, Schwesterchen
sombre	dunkel
sonner	klingeln
sonnette *f*	Klingel
sortir *irr* **avec qn**	mit jdm. ausgehen
souffrir *irr*	leiden
soupçonner	verdächtigen
soupirer	seufzen
sourire *irr*	lächeln
sous scellé	versiegelt
sous-locataire *m/f*	Untermieter, Untermieterin

sous-louer untermieten
stupéfaction *f* *hier:* Überraschung
stupide dumm
substitut *m/f* **du procureur** stellvertretende(r) Staatsanwalt/in
suite à infolge
suivre *irr* folgen
supposer vermuten
surprenant erstaunlich
surpris überrascht
sursauter zucken
sursauter zusammenzucken
surveillance *f* **vidéo** Videoüberwachung
suspect *m* Verdächtiger
tableau *m* **d'affichage** Anschlagbrett
tailleur *m* **de pierre** Steinhauer/in
se taire *irr* schweigen
témoin *m/f* Zeuge/Zeugin
tendre *hier:* reichen
tenir *irr* halten
terre *f* *hier:* Grundstück
tête basse *f* gesenkten Hauptes
têtu störrisch, stur
tiens *hier:* sieh an!
tiens, tiens so so
timide schüchtern
tourner *hier:* abbiegen
tourner en rond umherirren
se tourner vers sich zu... drehen
tournevis *m* Schraubenzieher
tout doucement ganz langsam
trace *f* Spur
trafiquant *m* **de drogue** Drogenhändler, Drogenhändlerin
ϟ **traîner** herumhängen
traverser durchlaufen
troglodyte *m* *hier:* Höhle
tromper betrügen

se tromper	sich irren
troupeau *m*	Herde
se tutoyer	sich duzen
vache *f*	Kuh
vénal	käuflich
vendre	verkaufen
se venger	sich rächen
vérifier	überprüfen
vérité *f*	Wahrheit
vers	*hier:* in die Richtung
victime *f*	Opfer
vigoureux	kräftig
violent	gewalttätig
vivre *irr*	leben
voix *f*	Stimme
volant *m*	Lenkrad; Steuer
voler	*hier:* stehlen
voleur *m*	Dieb
se vouvoyer	sich siezen
vulnérable	verletzbar

Liste des exercices